国 家 社 科 基 金 资 助 项 目
上海市学校心理健康教育名师孙时进工作室

与孩子同成长文库

孙时进　丁敬耘◎丛书主编

心理学教你做父母 ①

3—6岁儿童家庭养育指导

王燕◎著

U0889822

SPM 南方出版传媒
全国优秀出版社
全国百佳图书出版单位
广东教育出版社
·广州·

图书在版编目（CIP）数据

心理学教你做父母1：3–6岁儿童家庭养育指导 / 王燕著. —广州：广东教育出版社，2017. 8（2020. 1重印）
（与孩子同成长文库 / 孙时进，丁敬耘主编）
ISBN 978-7-5548-2020-9

Ⅰ. ①心… Ⅱ. ①王… Ⅲ. ①儿童教育—家庭教育—教育心理学 Ⅳ. ①G78

中国版本图书馆CIP数据核字（2017）第252366号

责任编辑：陈定天 蚁思妍
责任技编：杨启承
版式设计：友间文化
封面设计：尚世视觉

心理学教你做父母1：3–6岁儿童家庭养育指导
XINLIXUE JIAO NI ZUO FUMU1 : 3 - 6 SUI ERTONG JIATING YANGYU ZHIDAO

广 东 教 育 出 版 社 出 版 发 行
（广州市环市东路472号12–15楼）
邮政编码：510075
网址：http://www.gjs.cn
广东新华发行集团股份有限公司经销
广州市一丰印刷有限公司印刷
（广东省广州市增城区新塘镇民营西一路）
787毫米×1092毫米 16开本 10.25印张 205千字
2017年8月第1版 2020年1月第2次印刷
ISBN 978-7-5548-2020-9
定价：38.00元
质量监督电话：020-87613102 邮箱：gis-quality@nfcb.com.cn
购书咨询电话：020-87615809

总序

与孩子一起成长

家庭教育最关键最重要的方法与路径，就是学会与孩子一起成长。父母好好学习，孩子天天向上。没有父母的成长，永远也不会有孩子的成长。

长期以来，我们都把成长看成是孩子的事情，其实不然。成长是父母与孩子共同的事情，是父母与孩子必须共同面对的问题。

首先，成长是人生重要的使命。长期以来，我们往往把成长看成是一个阶段性的任务，把成长视为仅仅在学校里才能完成的任务，而一旦离开学校，就可以不再阅读、不再学习、不再成长了。其实，这也是我们教育的最大失败，因为成长本身也是一种习惯、一种能力。生命不息，成长不止，才是一个人生命最美的姿态。成长，仍然是每个父母重要的使命。儿童的许多问题其实是大人造成的。善于教育的大人，往往是善于向儿童学习的人。

其次，父母是孩子成长的楷模。孩子是最伟大的观察家，他们一直在观察着大人的行为，考量着父母的举动。所以，父母应该努力成长，并且成为孩子的成长榜样。

再次，一起成长才能更好地成长。一个人走可以走得很快，一群人走才能走得更远。其实，家庭成员的成长也是如此。父母仅仅满足于自己的成长是不够的，甚至仅仅用自身的成长故事、成长榜样影响孩子也是不够的。成长有一个共作效应，有一个生命的成长场。父母与孩子一起阅读，与孩子一起锻炼健身，与孩子一起郊游走进大自然，与孩子一起参观博物馆，不仅仅能够让孩子拓宽视野、增强体质，自己也会收获满满。

父母与孩子，在成长的过程中完全是互动的关系。父母的成长会带动孩子的成长，孩子的成长也会促进父母的成长。过去我们说，强将手下无弱兵，其实优秀的父母也往往更容易培养出优秀的孩子。反过来，优秀的孩子也会推动父母成为更优秀的父母。

为了帮助父母更好地成长，复旦大学的孙时进教授召集了心理学、教育学一线的精兵强将，投入了大量的时间与精力，编写了这套很有特点的父母读本。这套丛书，立足于孩子的发展，通过案例呈现、专家分析、教育建议、知识拓展等环节，从父母的视角，支持孩子有效应对成长过程中的典型议题，如幼升小、青春期、学习状态起伏等。

这套读本的最大特点是运用心理学原理来分析儿童成长的各种问题与教育对策。主编孙时进是我国著名的社会心理学家，长期在高校从事临床心理学研究，具有良好的理论素养和丰富的实践经验。主编丁敬耘博士是我的学生，不仅在复旦大学从事心理咨询工作，而且开设了“新教育实验”的选修课程，对心理学知识在教育尤其是家庭教育方面的运用颇有心得。他们运用发展心理学的知识，聚焦家庭这个最小的社会单位，对不同年龄阶段的家庭教育提出了指导意见与建议。本丛书是一套可读性、实用性很强的家庭教育读物。

希望父母们通过阅读这套书，能更好地了解孩子、理解孩子，学会正确地爱孩子、科学地指导孩子，与孩子一同过一种幸福完整的教育生活。

朱永新

2019年1月18日写于北京滴石斋

前言

家庭养育的终极目标：塑造一个身心健康的孩子

为了更好地培养下一代，我们首先需要思考这样一个问题：我们培养孩子的最终目标是什么？或者说，我们希望把孩子培养成一个什么样的人？此问题的答案应该会见仁见智、五花八门，杨利伟、马云、于丹、撒贝宁、董卿都有可能成为父母培养孩子的目标。

当然，多数务实的父母会说，我的目标是培养一个将来能够获得成功的孩子——将来能赚大钱，能够身居高位或者成为名扬四海的明星人物。但是，放眼周围，不管是赚大钱、居高位抑或入名流，都不乏在巅峰之时坠落而从此一蹶不振者，也不乏因烦恼缠身而郁郁终日者。因此，赚大钱、居高位或入名流，都有很大的局限性，不应成为父母培养孩子的终极目标。

事实上，从心理学的角度来看，家庭养育的最终目标应该是塑造一个身心健康的孩子，一个心中充满阳光，能够以积极的心态面对人生各种挑战的人。

邓小平就是一个很好的例子。邓小平一生可谓波澜壮阔，在三起三落的人生起伏中，他始终着眼大局，脚踏实地，从不局限于个人得失。当处于人生低谷时，他能坦然接受，乐观积极地生活，坚持不放弃理想信念，始终保持着坚韧的强大精神动力，直至高龄复出，成为我国改革开放的总舵手。另一个例子是当今叱咤商界的风云人物马云。峥嵘岁月里，马云曾经历过毕业求职因外貌被拒，创立的翻译社靠卖袜子来补贴，亲自背包上门推销中国黄页，连续四次创业失败，公司差点因“非典”而破产……最后支撑马云走向辉煌的就是他心中那束“永不放弃”的阳光信念。除了马云，那些活跃在商海的“大腕儿”，如任正非、柳传志、俞敏洪，都向我们展示了历经各种挑战后的多彩人生。此外，从影星刘晓庆身上，也可以看出阳光积极的心态如何让她在困顿之中重新放出异彩。作为一个在娱乐圈大红大紫40余年的明星人物，刘晓庆可谓家喻户晓。虽然争议不断，但不可否认，从一线明星到阶下囚，从一无所有的“负翁”到东山再起，她在多舛难测的人生之旅上活出了自己的风采。但是，也有很多曾经风光的明星人物，因为一时的挫败而从此一蹶不振，甚至采取极端的方式结束自己的生命。

同样面对挫败，个体的反应为何如此不同？每位父母可能都会感兴趣于这个问题：如何才能让自己的孩子将来也成为昆仑山上一棵草，以柔韧顽强的姿态面对人生的坎坷和逆境？

答案其实非常简单：那就是爱，尤其是幼年时期来自家庭、来自父母的爱。心理学研究指出，幼年时期得到的爱与呵护，可以在很大程度上预测个体之后的耐挫力和心理韧性。而那些历经挫败最终却走向人生巅峰的人士之所以拥有如此阳光、强大的内心，同他们在童年时期所得到诸多呵护密不可分。作为父母，在孩子年幼时所能给予的最好礼物，便是爱。在陪伴之中尽可能多地给予孩子理解、支持以及无条件的积极关注，这也是幼儿阶段孩子所能获得的来自家庭的最好的营养剂。

自序 心理学教你做父母

父母怎样才能教育好孩子？怎样才能保证孩子的良性发展？这是每个家长都关心的问题。在21世纪的今天，年轻父母的教养观念已经从“学业成绩最重要”逐渐转变为“全面发展”——塑造孩子健康的身心状态也开始成为新一代父母培养孩子的首要目标。但在实际教养孩子的过程中，不少父母仍存在诸多困惑。

那么，如何塑造孩子健全的人格，如何培养孩子健康的心态呢？作为一名心理学工作者，同时也作为一名6岁孩子的母亲，我希望在专业基础上结合自己的实践体验给父母们提供尽可能科学且实用的指导和建议。

本书分为三部分。第一部分，我们将结合心理学基本理论，阐述童年阶段来自照料者的关爱对儿童社会性大脑发育的重要意义；接着介绍亲子依恋的相关心理学知识；最后介绍了3—6岁儿童的心理发展特点及行为表现。第二部分主要针对父母在教育幼儿园阶段孩子时的常见问题，从心理学的专业角度进行疑惑解答。第三部分采用案例的形式，描述了幼儿园阶段儿童常见的行为问题，以及父母应该采取的态度和对策。

事实上，如何更好地教育孩子，是一个极需耐心和悟性的长期工程，即使掌握了心理学的大原则，在实际的教养工作中还要根据具体情境灵活应对，没有一成不变的规则可以遵守。

本书的第一、第二部分由笔者撰写，其中第二部分的疑惑解答来自本人多年心理学实践工作中所接待的儿童及家长的资料整理。第三部分的儿童案例由复旦大学附属幼儿园的李皓燕园长和王珏副园长组织老师们（姓氏字母排序：包何燕、陈冰讷、董明敏、龚振蔚、郭锦、黄凯欣、李佳音、李樵、刘敏、万欣、王宝芳、虞婧、张敏、张玉芬、周雨晨、朱根娣），根据幼儿园教学实践中的真实观察记录完成，由笔者在此基础上进行统一的调整加工。全书由笔者负责内容框架组织和统稿。本著作属于复旦大学亚洲研究中心项目和上海教委科研创新重点项目（编号：14ZS015）资助成果。

本书如有疏忽和不足之处，希望读者给予指正和谅解！

王　燕

2017年5月28日于英国剑桥

目　录

第一编　心理学视角下的家庭养育

第二编 教养疑惑站

第一章　学习篇　/ 26

第二章　习惯篇　/ 41

第三编 幼儿园里的故事

第一编

心理学视角下的家庭养育

第一章 培养高情商儿童的秘密——爱的力量

20多年前，心理学家丹尼尔·戈尔曼就提出，对个体未来发展起决定性作用的是情商，而不是智商。所谓情商，是指个体认识、了解、控制情绪的能力。那么，如何培养孩子的情商呢？其实，培养孩子高情商的关键，便是帮助孩子塑造一个发达的社会大脑。在儿童社会大脑的形成中，早期所受到的爱和关注起着第一位的作用。从本质而言，爱便是促进儿童社会大脑发育的最好的营养剂。

在儿童发展领域，父母最为关注的一个问题便是先天还是后天之争，儿童的发展中到底先天还是后天起着决定性作用？事实上，每个婴儿在出生时，都有一张自己的基因蓝图，体内都有一套程序，可以指引他们按照某种特定的方式发展，但是，这种程序绝对不是自动化的，只有通过与他人交互作用，才能得以发展。有些人把婴儿称为“外界的胎儿”，意思是婴儿自身并不完整，需要通过同外界的互动才能发展。在儿童发展的外界环境中，最为重要的便是家庭，或者说儿童的基本照料者——父母。从出生至6岁，在个体一生发展最为关键的阶段，幼年时期个体所得到的爱的力量之巨大其实超过我们想象。

1. 社会大脑的关键部位：眶额叶区

人类大脑中有个叫眶额叶区的部位，在个体的情感调控中扮演着非常重要的角色。

个体移情能力的发展需要一个发育完善的眶额叶区。移情能力指个体对别人情绪感受进行觉察和体验的能力，那些移情能力高的人，在生活中通常更为善解人意。在生理结构上，移情能力同右脑之间存在着联系，而眶额叶区域主管着整个右脑。在整个婴儿阶段，右脑占据着统治地位。右脑区域的眶额叶部位面积也更大一些，负责个体对情绪词汇以及情绪感受、识别的加工，另外这一部位也负责着对个体审美体验的加工，如食物的美味、抚摸时产生的快感以及对美的欣赏等。在眶额叶区域，阿片类物质（opioids）的含量最高，这一区域与各种奖赏和愉悦感受（包括社会依恋）之间存在着非常密切的联系。日本的神经科学家发现，当观看一部自己孩子微笑的视频时，母亲的眶额叶区被激活；他还发现，当看到母亲微笑视频时，婴儿的脑区也会出现类似反应。

此外，眶额叶皮层不但负责个体对他人的情绪识别，还负责管理情绪反应。通过同杏仁核之间的连接，眶额叶区域可以从对方的面部表情和声调中迅速获取情绪信息，并且考虑哪种情绪反应更为合适；眶额叶区同前扣带区域以及大脑皮质下的相应部位一起调控着个体的冲动行为和情绪反应。

研究发现，如果眶额叶区遭到破坏，个体的社会社交活动也将出现问题。在与他人的交往中，他们的情绪识别和情绪反应迟钝，甚至会变得具有反社会倾向。

2. 眶额叶区如何发育

作为个体情绪调控过程中的一个非常重要的结构，眶额叶区是怎样发育的呢？其发育成熟仅仅是一个自动化的发展过程吗？

事实上，儿童大脑的发育并非一个自动化的过程，尤其是社会大脑的发

育，更是源自同周围环境之间的互动，如同父母之间的游戏、拥抱、对话等。研究发现，那些同他人之间互动更为频繁、交际网络更大的个体，他们的眶额叶皮质体积也更大。因此，对儿童而言，其大脑的发育高度依赖于社会经验，他们的大脑是通过同环境的互动建立起来的。

需要强调的是，如果个体在幼年阶段没有经历过和一个慈爱的成人一对一的愉快互动经验，儿童的眶额叶区域就难以顺利发育。研究已经发现，当幼年同照料者关系糟糕，特别当幼年在情感或身体上曾遭受忽视或虐待时，个体的眶额叶区在体积上会更小。另外，对于那些幼年没有得到很好照料的儿童，他们大脑之中杏仁核和前额叶皮质之间的重要神经元通路也更脆弱，这些脆弱的连接会导致前额叶皮质无法很好地控制杏仁核的恐惧状态，也难以纠正个体早年形成的某些恐惧条件反射，例如幼年时期对狗或者女性大嗓门说话的恐惧。这些会导致成年之后的个体容易处于焦虑或者恐惧之中。事实上，杏仁核同前额叶皮质之间的脆弱连结同个体抑郁和焦虑症状之间存在着显著相关。

因此，为了促使儿童阶段眶额叶区域的更好发育，对父母而言，在孩子6岁之前，最重要的不是给孩子灌输更多的知识，而是陪伴。与其举着生字卡教孩子学习汉字或数字，不如简单地抱着孩子，逗孩子玩儿，同孩子一起游戏，这样更适合儿童的发展特点和发展需求。

3. 眶额叶区发育的关键期

有证据表明，同人类的其他能力一样，眶额叶区也存在发育的关键时期。这一关键期主要是在6岁之前，尤其是在0—3岁的阶段。

在一项实验中，灵长类动物的研究者哈里·哈罗发现，如果在出生的第一年中，把幼猴单独隔离出来，这只猴子会表现出明显的自闭症状，并会丧失与其他猴子正常交往的能力。最近，一项对罗马尼亚孤儿的研究显示，那些离开与自己关系亲近的照料者的孩子，如果整天被放在自己的小床上，无人理会，他们将不会与他人建立亲密关系，他们脑中的眶额叶部位会出现一个实际上的黑洞。

如果在眶额叶区域正常发育的时期儿童被剥夺了社会关系，那么，这些丧失的社会能力几乎没有希望得到弥补，大脑的这一区域也基本上不可能得到完全恢复。研究表明，即使在收养家庭生活几年之后，到了9岁，那些早期被剥夺了社会关系的孩子的前额叶皮质活跃度依旧很低，在眶额叶皮质和杏仁核之间的神经元通路依旧存在着异常。

4. 儿童世界中的非言语交流

5岁9个月的女儿跟随我一起来英国时，她几乎不会说一句英语，不认识一个英语单词。起初，我一直很担心到英国上小学的话，她是否能够适应语言几乎零交流的陌生环境。在来英国之前，我也同其他有过这种经历的妈妈请教过这个问题，她们大都轻轻松松地说："没事儿，小孩子的适应能力很强的。"但我总是心存疑惑，适应力再强，没有语言交流的阶段总归也会压力重重吧？不过，到英国之后，我的疑虑也很快打消。女儿真的很快融入了新的环境，虽然整个班级包括老师没有一个人会讲中文。秘诀就是：肢体语言。通过表情和动作，女儿与新的老师和同学们相互交流沟通。作为成年人，在你来我往的交谈中，我们往往忽视了语言之外其他形式的交流对儿童来说是多么重要。

心理学研究发现，新生儿就表现出对人类面孔的明显偏好，他们会更长时间地注视人类面孔。对面部表情的注意和解读应该说是人类与生俱来的重要能力。这种对面部表情的依赖，可以追溯到远古的非洲大草原时期，在捕捉猎物时，为了不惊跑猎物，我们的祖先只能采取这种无声的方式进行交流。这种交流可以通过各种视觉方式得以实现，于是，人类便发展出了各种面部表情和体态语言来传达各种信息。

从蹒跚学步开始，儿童就开始利用父母的面部表情作为特定环境中自己行为的指南针。我爬到旁边的草地上会安全吗？妈妈会允许我把这个新鲜的小东西放到嘴里尝尝吗？这就是所谓的“社会参照”，在一定距离之外，婴儿通过这种目光交流，把母亲的面部表情作为信息的来源，从而判断哪些事情可以做，哪些事情不可以做，哪些情绪是需要的，哪些情绪是不需要的。

不过，在心理学家看来，察言观色在人类生活中还扮演着更重要的角色。尤其在幼年时期，这些来自照料者的凝视和微笑除了有“社会参照”的功能之外，更为重要的作用便是作为催化剂来推动和促进儿童的大脑发育。

5. 社会大脑发育的催化剂——微笑

这一过程是如何实现的呢？心理学家认为，对社会能力、情绪智力、大脑的生长而言，积极的注视——微笑就是最为重要的刺激物。

当看到照料者的时候，孩子从对方放大的瞳孔中可以读到这样的信息：她（他）的交感神经处于激活状态，她（他）正体验着某种快乐的情绪。作为回应，儿童自身的神经系统也会被快乐激发，心率也会上升。这些过程会激发一种生化反应。首先，一种令人愉快的神经肽——β-内啡肽被释放到循环系统中，特别是大脑的眶额叶区域。与β-内啡肽一样，通过调控体内的葡萄糖含量和胰岛素水平，自生的或自制的阿片类物质也会促进神经细胞的生长。像天然的阿片类物质一样，它们也会让人感觉愉悦。同时，脑干中可以释放另外一种叫作多巴胺的神经递质，并再次进入前额叶皮质，从而再次提高那里的葡萄糖含量，促进大脑额叶前部的新组织生长。多巴胺能使人精神焕发、情绪兴奋，因此，这种物质可能会让人感觉愉悦，在对奖赏的期望过程中，也会涉及多巴胺。因此，通过这种带有技术含量的、迂回的路径，我们可以发现，家庭中充满爱意的神情注视，将会激发婴儿体内快乐生化

物质的释放，从而在实际上促进婴儿社会大脑的生长和发育。

与人类其他方面的发展相类似，遗传表达在外显的过程中，也时常依赖于社会信息的输入。人脑的海马区、颞叶皮层、前额叶皮层以及眶额叶区域，在出生时都未发育成熟。但是，这些部位成功发育和基因外显的顺利实现，依赖于个体所拥有的积极经验数量。早期的大量积极经历，可以促使脑髓部位产生更多的神经连接，从而形成更加丰富的网状脑髓。刚出生时，个体已经具备了所有的神经细胞，因此，在细胞的数量上，我们不可能再进一步增加，但是，我们确实需要做的工作，就是把这些细胞连接起来，让它们为我们服务。细胞之间的这种连接越多，大脑特定区域的功能就越强，运行得越好。

与动物相比，人类婴儿的许多发展是在子宫外进行，所以人类大脑的结构会受到更多的社会影响。脱离子宫之后，由于人类婴儿的强烈依赖性，会在照料者和婴儿之间建立起一种强有力的社会纽带。在这一过程中所产生的生化物质，可以促使神经联结和大脑以一种前所未有的速度向前迅猛发展。当然，在个体的整个一生中，神经联结都在不断进行。

几年之前加拿大的研究人员对爱因斯坦的大脑标本进行研究，把爱因斯坦的大脑和其他男子的大脑进行比较，这些男子去世时的年龄和爱因斯坦相仿。结果发现，在顶骨区域，爱因斯坦的大脑比别人宽15%，顶骨区域与个体的数学推理、视觉—空间思维有关。这个发现提醒我们：大脑用得越多越发达，而活动的缺乏通常会使神经细胞萎缩，就像长期不用的肌肉那样。所以，经常对孩子微笑，使孩子处于愉悦的环境中，便自然会打造出一个快乐的社会大脑。

第二章
亲子关系篇——依恋

在描述儿童同主要照料者（尤其是母亲）之间的关系时，经常会提到“依恋关系”。所谓依恋关系，是指个体同他人之间在情感上的连接方式。母婴依恋则是指婴儿同母亲之间在情感上的纽带关系表现。幼年时期个体同照料者之间的依恋关系非常重要，可以说早期的依恋关系为个体今后的人际交往模式奠定了难以逆转的基础。

1. 您的孩子属于哪种依恋类型

心理学家通过“陌生情境”实验的方式，依据重聚时儿童的行为表现，把婴幼儿和照料者之间的关系划分为三种不同的依恋类型：安全型（B型）、回避型（A型）和矛盾型（C 型），以及后来增加的混乱型（D型）。后面三种被称为非安全依恋。

在生活中，您可以回忆以下类似场景：妈妈带着两岁半左右的孩子到了一个非常好玩的地方，周围有很多新鲜的玩具，孩子兴致勃勃地玩起来。恰恰这时因为一个重要的电话，妈妈不得不离开几分钟出去办个急事，只好求助于场地管理员临时帮忙照看孩子。妈妈没对孩子加以解释就直接走了。最后，妈妈办完事情回来了。注意，妈妈走开和重聚的场景非常重要，这时候孩子的表现可以很好地判断他属于哪种依恋类型。

安全型依恋（Secure）。孩子相信照料者是爱他们的，会对他们的需要做出反应，在重聚时表现出欢迎并亲近照料者；如果感到不安或哭泣时他们会通过与照料者身体接触，抱着照料者来寻求安慰；在准备重新玩玩具之前，他们不会转移视线，不会表现出生气。

回避型依恋（Anxious Avoidant）。儿童在与照料者分离时很少哭泣，很少有情绪上的反应；在与照料者重聚的情节中，他们不会表现出积极地欢迎或亲近照料者，甚至照料者靠近时，会表现出躲避，照料者抱他们时，不会去拥抱照料者。对待陌生人的方式和照料者相近。

矛盾型依恋（Anxious Resistant/Resistant/Ambivalent）。儿童在与照料者分离时很可能哭泣。当照料者回来的时候，他们经常继续哭泣；他们经常看照料者，但不太积极接近照料者。在被照料者抱起来的时候，他们不太积极配合，不容易被安抚。当照料者给他们玩具的时候，他们经常拍打玩具或打母亲，继续表现出痛苦。当照料者把他们放下时他们又接着哭泣。

混乱型依恋（Disorganized / Disoriented）。儿童在与照料者重聚时，表现出困惑和矛盾的行为。当照料者抱着他们或者靠近他们时，他们会把头转向另一边，情绪漠然、抑郁。跟他们交流时，他们总是没有方向性，脸部呆滞。在冷静下来之后突然会哭泣，做出一些奇怪的静止的姿势。

为什么孩子会形成不同的依恋类型呢？真正原因主要取决于照料者。照料者对孩子各种需要的敏感性，以及他们调控自身情感的能力，在很大程度上决定了儿童的依恋类型。不同依恋类型的孩子的神经类型也不相同。

为了进一步解释不同类型依恋的含义，心理学家玛丽·安斯沃斯对照婴儿在陌生情境中的依恋表现，对家庭观察中的数据进行了分析。结果发现，在刚出生的三个月内，安全型婴儿的母亲在家庭中对孩子的反应最为敏感，回避型依恋婴儿的母亲表现出更多的拒绝行为，尤其是同婴儿身体上的亲密接触。矛盾型依恋婴儿母亲对婴儿依恋行为的反应高度不一致，有时候她们对婴儿反应敏感，但是在很多其他情况下，她们对婴儿表现出忽视和拒绝。在婴儿快满一岁时，安全型依恋婴儿同母亲的关系最为和谐，其他类型儿童的母婴关系会出现更多问题。

2. 非安全型依恋孩子的神经特点

在养育孩子时，面对孩子的胡搅蛮缠和随心所欲，每位父母应该都经历过厌倦、愤怒或无奈的时刻。如果父母自己都不知道如何有效调控这些负面情绪，那么这些负面情绪在这种情境下便会歇斯底里地爆发。

2.1 回避型依恋儿童

在生活中，我们不乏看到这种场面，母亲对着哭闹不止的婴儿高声呵斥：“你给我闭嘴！别再烦我”，或者面对躺在地上要赖不走的孩子，声嘶力竭地大吼，甚至挥着巴掌抽向孩子。于是，这些孩子便逐渐学会了隐藏自己的真实情绪，或者是为了否认这些情绪的存在，或者是为了避免让照料者难过或生气。这样的母亲，显然没有能力帮助孩子调整或认识自己的情绪。实际上，为了帮助母亲调整情绪，保护母亲不受自己情绪的影响，孩子才不得不把自己的情绪隐藏起来。但是，孩子的不良情绪不会自动消失。依恋领域的研究者们发现，来自这些家庭的孩子，虽然外表显得平静而冷漠，但是，当进行生理指标测试时，发现他们的心率和自主唤起水平仍然会急速上升。因此，这些孩子的机体处于失调状态。面对自己的负面情绪，这些孩子已经习惯了没有人会帮助自己，所以他们也不会主动去寻求帮助，从而让自己从负面情绪中摆脱出来。他们会尽力压抑自己的这些负面情绪，或者企图把这些情绪彻底切断，但是，这些办法通常极少奏效。这就是所谓的回避型依恋模式。

2.2 抗拒型依恋儿童

还有一些孩子，照料者对他们的情感反应反复无常，有时对孩子关心备至，有时却又对孩子置之不理。为了更多地赢取照料者的欢心，这些孩子便学会了察言观色。他们通常不露声色，把自己内心的真实感受暂时隐藏起来，直到觉得自己有把握博取父母关注时，他们才会表露自己的真实情绪。他们也会意识到，在自己感觉糟糕时，父母不一定能够帮助他们摆脱这些消极情绪，但是，他们并不会因此采取策略压抑自己的情感，而是喜欢采取一种夸张的方式表达自己的恐惧和需求。实际上，他们的这些表现可能正是其照料者无意识中所想要的，因为这些照料者往往通过"被他人需要"来缓解自己的不安全感。他们正是利用自己难以预测的反应模式，来保证自己可以随时得到孩子的注意。否则，他们可能会被自身的情绪失调深深困扰，以至于通常无法注意到他人的感受。在这种父母行为模式下成长的孩子，通常属于矛盾型依恋或称作冲突型依恋。

与安全型依恋的儿童相比，回避型依恋或矛盾型依恋的孩子通常自我意识较弱，因为他们缺少积极的社会性的生物反馈（social biofeedback）。他们的照料者通常无法提供足够的信息，从而让孩子对自己的情感有足够的认识和了解。当然，这些孩子就无法非常自信地对他人或自己的心理进行洞察和诠释。由此造成的后果是，当感到难以确定对方的反应时，孩子可能会选择退缩、回避的行为模式，以此来尽力保护摇摆不定的自我意识（回避型依恋模式），或者，通过不时地接近他人，从而获取更多的反馈（矛盾型依恋模式）（Fonagy，2003）

2.3　混乱型依恋儿童

近年来，研究者又发现了第三种非安全依恋模式，称之为"混乱型依恋"。这种依恋类型同个体将来的情感障碍之间有着最为密切的联系。在这些家庭中，孩子经过艰难挣扎终于找到某种一致的防御方式。一个非常普遍的现象是，这些孩子的父母自身曾经遭遇过创伤性经历，如生活中非常亲近的人过世或者某种形式的暴力，并且，他们最终没有能够有效地应对这些痛苦经历，从而在内心留下厚厚的阴影。作为这些创伤性经历的结果，这些父母的行为变得很异常。他或她会与现实"脱节"或者分离，无法成功地回应孩子的需求或其他信号。父母会对孩子做出突然的、不可预测的、吓人的行为，或者对孩子唯命是从。因此，这些父母就难以胜任自身的最基本职责，无法给孩子提供保护，无法为孩子提供一个安全的港湾，让孩子去大胆地探索未知的世界。他们的孩子不仅缺少心理反馈，而且，在压力情境之下会感到恐惧和无所适从，因为他们不知道该如何调节自己的情绪。

事实上，所有这些父母的情绪失调反应，都会打乱孩子生理上的自然节律。通常而言，由某种强烈情绪所引起的生理唤起，会引发个体的某些行为反应，不过，一旦这些情感得到释放，有机体将逐渐平息反应，恢复到静止状态。这就是交感神经系统和副交感神经系统的正常循环状态。但是，如果生理唤起未被平息，个体的自然节律就可能遭到破坏。譬如，在回避型依恋模式中，个体身体的制动系统可能会被过度使用，从而抑制了个体自身的启动系统，或者，恰好相反，个体的退缩、抑制状态（由副交感神经控制），如悲伤或抑郁等情绪，也可能被交感神经的要求所压制，从而使个体产生前行的动力。这些现象被心理学家称作“不完整的循环”，可以导致机体功能紊乱，如肌肉紧张，呼吸短促，免疫系统或荷尔蒙分泌发生紊乱。尤其是心血管系统，即使当情绪已经被抑制下来之后，仍然会保持亢奋状态。因此，在这种情况之下，个体的内部系统将会出现运行紊乱，从而使得个体难以直接应对自己的情绪状态。

3. 依恋类型的预测效果

为什么儿童的依恋行为这么重要？最根本的原因便是在人一生的发展中，童年阶段形成的依恋类型会相对稳定，可以对之后的社交行为，尤其是亲密关系模式进行很好的预测。我们中国有句俚语：“三岁看老”，其实说的是一样的道理。

童年时期的依恋类型，可以预测个体之后在恋爱关系中的表现。安全型依恋的个体，成年之后对自我和对他人都有着积极的评价和接纳度，有很高的安全感，很少产生遭到抛弃的担忧，喜欢社交，会快乐地寻求与他人之间的亲密关系。矛盾型依恋的个体，缺乏安全感，喜欢他人，对他人有着积极的评价，却对自我的接纳和认同度较低，通常过分依赖他人对自己的认可和接纳，贪婪地寻求他人的认同和接受，在与他人的亲密关系中，往往有着较多的顾虑和心思。恐惧型的个体，由于担心遭到抛弃而避免与他人建立亲密关系，尽管想让别人喜欢自己，但会担心自己陷入依赖他人的危险，对亲密关系往往产生最坏的预期。这类个体对自己与他人都有着消极的评价，认为他人都是不可靠的，同时对自我的接纳程度也较低，对自我的评价趋于负面。在文学作品中经常可以看到一些不同依恋类型的典型。如在《致我们终将逝去的青春》中，郑微就具有矛盾型依恋个体的典型表现。而另一个主人公陈孝正，则是典型的回避型依恋。

郑微。敢爱敢恨，勇敢坚强，霸道任性但又不失坦诚的可爱。爱玩一点不太危险的冒险。容易在现实和理想的世界里徘徊，但表面的犹疑之下却裹着一颗坚持的心。与陈孝正的相爱是一场轰轰烈烈的火星撞地球，而林静则是令她情窦初开、刻骨铭心的邻家大哥哥。依恋类型：焦虑型依恋。

陈孝正具有异常冷静的掌控力和判断力。野心十足且有为达目的不择手段的城府和耐力。深信“世界上最可靠的就是自己”。外表冷酷，不屑一顾，不过一旦吸引他的注意力，亦可以激情四射。与郑微的相遇正是他理智与情感的艰苦博弈，亦是痛苦和快乐的根源所在。依恋类型：回避型依恋。

4. 依恋与独立性

安全型依恋的形成有赖于幼年时期照料者对孩子的“有求必应”。由此自然会引发人们的担心：过多的关注是否会造就孩子过高的依赖性？答案是否定的。依恋通常不会干扰孩子能力和自我依赖感的发展，相反地，反而会促进这些能力的发展。

心理学家安斯沃斯曾经这样描述安全基地同依恋行为之间的关系：

这种被称为“把母亲当作安全基地”的行为模式进一步强调了这样一个

事实：婴儿在拥有亲密依恋关系的同时，他们的能力和独立性也在不断增长。非安全型依恋的儿童会黏着母亲，不愿意离开母亲。安全型的婴儿，在紧紧依附母亲的同时，也愿意离开母亲。他们以这种方式来表现自己的依恋行为，他们追随着母亲的踪迹，会不时地返回母亲身边，通过不时地回头看母亲一眼，或向母亲展示自己的东西，来向母亲表达自己愿意同她分享探索周围世界所感受到的快乐。

对猴子的观察研究也有类似发现。“幼猴面对分离所表现出的悲伤程度，与母婴关系的某些特征之间有着显著关联。那些在分离的第一个月表现最为悲伤的幼猴，通常是那些被母猴拒绝次数最多、在众多幼猴中最不受宠的。”

事实确实如此。在孩子刚入幼儿园阶段，那些不容易适应，表现出更高分离焦虑，出现问题较多的孩子，通常在3岁之前都没有得到足够好的照顾，都属于非安全型依恋。

5. 家庭还是职场？现代妈妈的两难选择

既然孩子幼年阶段来自父母，尤其是母亲的陪伴如此重要，那么，许多母亲都会纠结于这样一个问题：到底是全职在家照顾年幼的孩子，还是继续于职场的发展呢？心理学的答案很明确：最好的解决办法是两者兼顾，在照顾孩子之余仍然从事着自己的职业。

那些辞职在家全职照顾孩子的母亲，每天忙乱于照料孩子和做家务的琐碎事物中，与社会脱节，狭小乏味的生活模式很容易让她们产生沮丧、愤怒、抑郁等消极情绪，这些情绪都会对孩子的发展产生负面影响。通过对美国国家儿童保健和人类发育研究所数据库中有关儿童早期照料的详尽数据的详尽分析，研究者有了新发现：与全职妈妈相比，那些在外兼职的婴幼儿母亲健康状况更好，更不可能抑郁，更少在工作和生活平衡中发生冲突，对孩子也更加敏感。所有这些都更有利于她们孩子的积极发展。

6. 亲子分离——断层的母爱

伊朗作家BahareH BisheH曾在伊拉克的一家孤儿院创作了一系列关于儿童对家庭渴望的作品，其中一幅渴望有个妈妈的图画在网络广为流传，感动了无数人。

虽然这幅画只是艺术作品，但艺术源于现实。在现实生活中，同父母（尤其是母亲）长期分离，通常会对儿童的身心健康产生不可低估的影响。早在60多年前，心理学家就发现了这一规律。

第二次世界大战结束之后，出现了大量无家可归的儿童，这种现象引起了美国社会委员会的关注，为了帮助这些儿童更好地适应战后生活，美国社会委员会决定针对这些孤儿的需要状况进行调查研究。著名心理学家鲍尔比被任命负责其中的儿童心理健康领域。

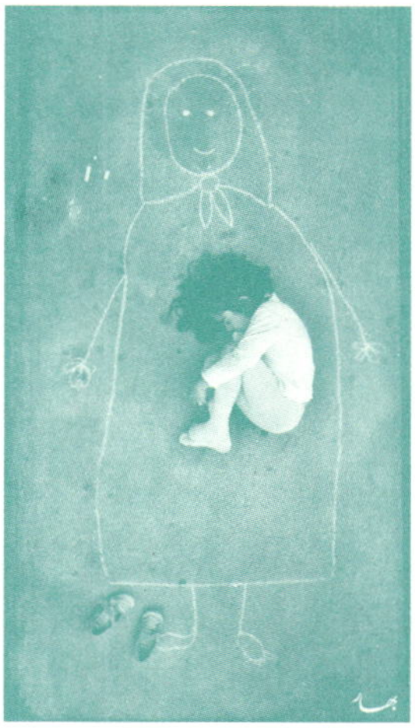

为了获得这份报告的背景材料，在1950年6个月的时间里，鲍尔比走访了美国和一些欧洲国家（瑞士、法国、荷兰、瑞典和英国）从事于安置无家可归和障碍儿童的临床专业人士，和他们一起进行观察和探讨。在每一个地方，他都要和当地的临床工作者探讨相关问题，观察当地的临床实践。

在搜集大量不同来源的证据的基础上，结合自己的临床实践，鲍尔比于1951年春天向世界健康与卫生组织提交并出版了一份引起轰动的著名报告《母爱与心理健康》。自1955年至1986年，这本著作已经被引用至少405次，并被翻译成12种语言。引用鲍尔比所言，“这本著作聚焦于母婴关系对个体心理健康的决定性作用，在临床上具有深远的意义，并且已经引发了广泛的争议和大范围的研究，我相信它已经成为一个引用的经典”。

整本著作主要围绕这样一个观点：“5岁之前同基本照料者的长期分离将在儿童的人格上留下印记。临床上这类儿童表现为不合群和孤立。他们无法与其他儿童或成人建立亲密关系，因此没有真正的友谊。事实上，他们有时候表面上看起来合群，但是，当深入了解后会发现在这些关系中没有情感，也不牢靠。我认为这是导致他们难以真正接近的最为重要的原因。父母和老师会抱怨无论你说什么、做什么，这些孩子都无动于衷。如果你打他，他会哭，但你对他好时他却没有与正常孩子一样的情感反应。对这些失落的灵魂而言，不管对他们好还是不好似乎都没有本质的不同。因为他们无法建立真正的情感关系，特定时间内一种关系的好坏对他们来说就不重要了……”

鲍尔比运用大量翔实生动的案例和研究数据，非常有力地证明了母爱在儿童成长中不可或缺的地位，以及由于母爱剥夺而对儿童身心所产生的严重后果。书中指出，“母爱被剥夺的儿童，无论是否生活在自己的家中，都是社会感染的源泉，如同伤寒和白喉的携带者一样，会产生真实且严重的后果。”即使今天读来，这本著作仍然具有很强的说服力。断层的母爱会对年幼儿童的心理发展造成难以弥补的创伤。

因此，对6岁之前的儿童而言，父母尤其是妈妈所能给予的最好礼物，便是充满爱意的陪伴和关注。

第三章
3—6岁儿童的心理学解读

1. 啃老与自强不息，“富二代”成功的秘诀是什么

在独生子女政策实施初期，人们对这些被“宠溺的一代”就充满了担心。30多年过去了，当年的独生子女已经长大成人，在他们中间确实出现了一批不思进取、坐享其成的“啃老族”，炫豪车、晒名牌、“拼爹”的新闻不时见诸报端。如同一位九年级学生家长所感慨：“现在的孩子，物质上什么都不缺，iPad、耐克鞋、生日大餐，能奖励的都会奖励，但人家什么都不稀罕，缺的就是上进心，做什么事情都要靠家长在后面使劲推，整个就一皇帝不急太监急……”

但是，无法忽视的是，同为独生子女，即使身为“富二代”，也涌现出不少自强进取的好典型。

“有那么一群人比你优秀、比你年轻、比你富有，关键是还比你勤奋，你简直毫无赢他们的可能性。”金某某，名副其实的千金大小姐，父亲曾任亚洲基础设施投资银行掌门人，家境极其富裕。虽然含着金钥匙出生，从小就接受着精英教育，但她仍旧以远超常人的努力拼搏，曾入选“年度全球青年领袖”，精通英文、法文、西班牙文和意大利文，钢琴和单簧管达到了专业级水平，而且仅用两年就完成了哈佛所有的本科课程，25岁就拿到了哈佛经济学的博士学位，现在是英国某名校最年轻的教授。

作为家长，不少人最感兴趣的问题是，如何激发孩子的上进心，如何调动孩子奋斗拼搏的积极性？那些教育成功的“富二代”背后的秘诀究竟是什么？

著名的心理学家埃里克森把人一生的发展划分为8个阶段，认为在3~6岁阶段，个体的主要任务便是建立自动性，从而发展自信心和进取心。幼儿园阶段的儿童开始发展自己的想象力，知觉动作能力也得到较快发展。这个阶段的孩子对周围世界充满了好奇，经常是“一万个为什么”，主动探索的欲望很强，善于提出各种想法和建议。如果这时成人能耐心细致地回答孩子的问题，适当评价鼓励孩子的活动和建议，就可发展他们的判断能力，形成大胆主动的创造和进取精神，发展出“一种正视和追求有价值目标的勇气”。反之，如果成人急躁、粗暴，没有耐心对待孩子提出的问题或设想，甚至过分限制和讥笑，孩子渐渐地就会失去主动性和进取心，形成胆怯、懊悔、内疚等人格特征。

当然，个体进取精神的形成还会受到很多其他因素的影响，但在3~6岁阶段，家长对孩子探索行为的鼓励和认同无疑是其中非常重要的一环。这也是许多“富二代”或“贫三代”最终能够成功的一个重要秘诀。

2. 性之初

我女儿今年4岁半，上幼儿园中班。最近老师找我谈话，讲的事情让我特别难堪……说这周有个男孩子的家长跑到幼儿园告状，说我家女儿耍流氓，老是用手抓人家儿子的“小鸡鸡”，都给抓红了，人家家长特别生气，说我家女儿小小年纪就不学好……

这位家长讲的事情虽然听起来让人有些尴尬，但在幼儿阶段类似的事情并不少见。另一位4岁男孩的妈妈疑惑不解地说，“我家孩子这么小，现在突然对性特别感兴趣，总是问我这方面的问题，我都不知道该怎么应对……”幼儿园阶段的孩子对性感兴趣正常吗？家长该持何种态度来应对孩子的好奇心呢？

著名的心理学家弗洛伊德指出，3～6岁的儿童正处于“性器期”（Phallic Stage），这个年龄段的孩子开始对自己的性器官产生兴趣，性器官成为全身最敏感的部位，儿童常以抚摸性器官获得快感。幼儿在此时期已能辨识男女性别，女孩子会对男生的生殖器产生妒忌，希望自己也拥有一样的阴茎，即所谓的“阴茎崇拜”，但她们也会以为自己之所以与男孩子不同，是因为遭到了“阉割”，即“阉割情结”，这一年龄段的男孩子也会表现出“阉割情结”，担心自己会因为做错事而受到相应处罚。

此外，这一年龄段的孩子会以父母中之异性者为性爱对象。男孩子以父亲为竞争对手而喜爱母亲，即所谓的“恋母情结”。同理，女孩子以母亲为竞争对手而爱恋父亲，即“恋父情结”。在正常情况下，恋母情结或恋父情结会通过儿童对同性父母的认同，吸取他们的行为、态度和特质进而发展出相应的性别角色而获得解决。

因此，幼儿园阶段的孩子对性产生兴趣是个体发展过程中的阶段性表现，父母应该以一种平常心坦然面对。6岁之后，孩子对性的兴趣便会减弱，进入所谓的“性潜伏期”。

3. 我的世界你不懂——幼儿园阶段儿童的思维发展

按照心理学家皮亚杰的观点，儿童期个体的认知水平呈现阶梯状上升，可以分为四个阶段。其中3～6岁儿童的思维发展处于前运算阶段（Preoperational Stage），这一阶段的儿童，经历了3岁之前通过感知觉和运动的形式来感知周围世界，进行思维之后，逐渐形成以感知运动为基础的内部思维或符号思维能力，语言能力也得到迅速发展。

3.1 单向式思维

“5加3等于几？”5岁的小强掰着手指头数了半天“8”，“5加3等于8，那8减去3等于几？”小强一脸懵懂：“4？”再问，“不知道。”爸爸在纸上画出从自己家到奶奶家的线路图，画好后逐个地点指给小强看，多次之后，小强终于可以熟练地说出从自己家到奶奶家的线路图了。爸爸继续问：“小强，你知道从奶奶家到我们家怎么走吗？”小强抓耳挠腮想了半天：“不知道。”

上述场景在幼儿园阶段的儿童中非常普遍，这时的爸爸妈妈往往会觉得自己孩子的脑袋真是太不好使，这么简单的问题怎么就搞不懂呢？事实上，处于此阶段的孩子思维的一个显著特点便是单向式思维，知道从A可以至B，但是他们暂时还不具备从B到A的思维能力。当然，父母的仔细讲解在一定程度上有利于他们更早地理解逆向思维，但对绝大多数孩子而言，真正逆向思维的成熟还要等到小学阶段。正是源于这个特点，幼儿园阶段的小孩子很难掌握减法运算。

3.2 符号式思维

幼儿园阶段儿童思维的另外一个特点是符号式思维。他们通常会对看到的事物在头脑中形成比成人更为鲜明的图像符号，并且运用这些图像符号进行思维。在生活中，这种符号式思维的一个表现便是小孩子对看到过的事物特征会有更加清晰形象的记忆。另外，他们更擅长用图画的方式来描述自己头脑中的事物符号。因此，不加限制地让孩子随意绘画头脑中的形象和事物符号，便是对此年龄段儿童思维的一种很好的训练模式。

3.3 拟人化思维

著名影星孙俪曾在网上分享一张3岁女儿小花妹妹的照片：“小花妹妹对我说，她是一只不会欺负人的好恐龙。”相信不少爸爸妈妈看到这张照片都会产生共鸣，在3～6岁的孩子中，有着一群数量庞大的不折不扣的

“动物粉”。一位妈妈这样描述自己女儿对狮子的着迷：

我家女儿特别喜欢狮子，家里的玩具狮子就有几十个。他们在幼儿园有一个“动物小组”，几个都是“狮子王恐龙粉”的小朋友每天带着自己心爱的动物到幼儿园，大家一起玩。后来，小朋友在一起玩得太兴奋啦，笑喊声太大影响到其他小朋友，就被老师下令解散了，以后不许小朋友带“恐龙”“狮子”来幼儿园。不过，小朋友对“狮子王”的喜爱依然不减，每天一回家就是玩“狮子”，画的是狮子，睡觉也要抱着玩具狮子，最喜欢别人喊自己“狮子王”，别人一说“你长得真像狮子王呀”“你长了个狮子鼻子”，马上喜笑颜开……

幼儿园阶段的孩子为什么会如此迷恋动物呢？一个重要的原因便是对此年龄段的孩子而言，会用拟人化的眼光来看周围的一切，他们会赋予周围所有的事物——动物、植物，包括没有生命的器物——以人类的情感，认为它们都和自己一样，有生命有情感，即所谓的“泛灵化”思维。正是由于这样的认知特点，幼儿园阶段的儿童会特别沉浸式地理解和喜欢童话故事和卡通片。儿童也正是通过“泛灵化”思维来认识和体验周围世界。

对父母而言，理解儿童这种“拟人化”“泛灵化”的思维，以童话的方式向儿童进行知识讲解和行为指导，会收到事半功倍的效果。

3.4 我的世界没有你——自我中心式思维

大家都熟知“掩耳盗铃”的故事，捂住自己的耳朵，以为别人也就同自己一样两耳会被屏蔽，听不到声音了。这种行为的背后，其实就是一种典型的自我中心式思维。当成年人有这样的表现时，我们会觉得非常滑稽可笑，但对3~6岁幼儿园阶段的儿童而言，自我中心式思维则是一种常态。

妈妈给5岁半的昭昭买了一个芭比娃娃，昭昭非常喜欢，一回家就抱着，形影不离。隔壁的好朋友琪琪每天都过来同昭昭玩儿，也非常喜欢这个芭比娃娃。但是，昭昭还是不情愿把自己最心爱的芭比娃娃同别人分享。一天下午，昭昭刚抱起芭比娃娃，就听到了门口琪琪的敲门声，昭昭灵机一动，赶紧把芭比娃娃藏到床上的被子卷里，对妈妈说："我不想让别人玩我的芭比娃娃，我就告诉琪琪我的芭比娃娃丢了。"琪琪一进来，昭昭就说："我的芭比娃娃丢了，找不到了。你在房间找找吧。"琪琪在玩具箱里、椅子下面翻了一遍什么也没找到，"咦，真的找不到芭比娃娃啦"。昭昭的眼睛紧紧盯着放芭比娃娃的被子，生怕琪琪过去翻，大声对琪琪说："琪琪，娃娃可没在被子卷里放呀！"一旁的妈妈忍不住笑了起来。琪琪也非常认真而无奈地说："哦，娃娃真的丢了呀！"

上面案例中两个小朋友的表现就是典型的自我中心式思维，只能从自己的角度进行思考和看世界，还无法做到换位思考。对3～6岁的儿童而言，这种由己及人、多方位思考能力的获得还有待时日。

3.5 由表及里——守恒能力的发展

由表及里，从形式到内容，这是人类思维和认识发展的一个规律，对3～6岁儿童而言，他们的思维正处于只看表面却忽视本质，重形式却忽视内容的阶段。因此，对这一年龄段的孩子而言，他们的认知水平还无法把握守恒这一生活中最为常见的现象。

当着孩子的面，在两个完全一样的玻璃杯中倒入同样多的清水。然后，再拿来一个杯口更阔的玻璃杯，当着孩子的面，把其中一个玻璃杯的水倒入阔口杯子。接下来，再问孩子："哪个杯子里的水多？"幼儿园阶段的小孩子通常都会说杯口窄的杯子里的水多，再追问"为什么呀"，孩子通常会指着杯子的水面"这个更高呀"。但对6岁以上的孩子而言，他们会逐渐知道“两个杯子的水一样多”，这表明他们已经建立了“体积守恒”概念，能够多纬度思考。类似地，把数量相同的小球摆成两列，如果不管每列之中小球的相对位置如何改变，儿童总能判断其数量相等，说明儿童头脑中已经建立了“数量守恒”的概念。

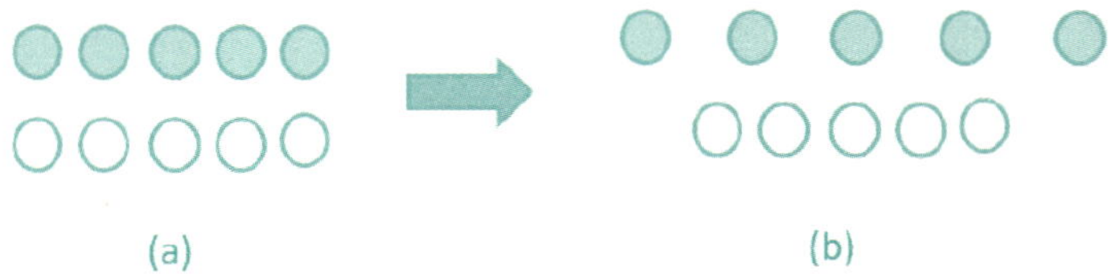

3.6　图片式形象思维

“1加1等于几？”爸爸考4岁的女儿，“不知道。”“数一下手指。”孩子伸出两根手指，仔细看了片刻认真地回答，“等于11”。

对3～6岁孩子而言，他们的认知水平还无法理解加减法的抽象意义，这个年龄段儿童的思维主要依赖于具体的形象符号。因此，父母对这一年龄段的孩子灌输过多的数学、语文之类的抽象知识其实都会事倍功半，有时候还会起到拔苗助长的反面效果。科学的态度应该是依据儿童的具体认知水平，在孩子上大班之后，再采用具体形象化的途径（比如数手指、画图画）给孩子适当传授一些较为抽象的学科知识。

4. 观察和互动——源自周围世界的认知体系

儿童的思维同成人有着本质不同，个体思维的成熟是一个逐步发展的过程。那么，儿童的思维究竟是如何发展起来的呢？

4.1　儿童学习：三阶段的内化过程

苏联著名的心理学家维果斯基指出，儿童认知能力的发展是由外部向内部发生，也就是说儿童思维的发展起源于个体同外界环境的互动。维果斯基认为，儿童认知能力和思维的发展，是通过内化的过程逐步实现的。所谓内化，指个体从周围的社会环境中吸收所观察到的知识，并把这种知识转变为头脑中的语言、图像等符号表征，然后用来独立思考和解决问题。要实现内化这一过程，通常要经历以下三个步骤：观察、练习和独立应用。在现实生活中，随时可以观察到儿童的此类学习过程。

5岁多的女儿来英国时基本上不会讲英语，听懂的也非常有限。上学的第一个月，每次回家问今天在学校都干什么啦，除了每天的午餐，女儿能讲的信息非常有限，偶尔问妈妈一句同学讲的某个片段词汇是什么意思。我知道，语言学习的第一个阶段是观察，面对全新的语言环境，她应该也在观察别人的讲话和交流。一个半月后，女儿自己玩乐高积木游戏时，开始蹦出一个个英语单词，中间还夹杂着短句子。她的语言学习从观察跨入了练习、模仿阶段。三个月后，女儿开始自信地同小朋友交流，会主动邀请小朋友一起玩儿，能够知道班上小朋友的名字，开始讲学校里小朋友间的互动。她的英语学习步入了第三阶段——独立应用头脑中的英语语言这一内部符号。

幼儿园阶段的孩子在学习各种技能时也通常会经历上述三个阶段，那种希望孩子一步入门、一蹴而就的想法显然是不符合现实的。

4.2　儿童学习：搭支架式的循序渐进

在孩子的学习中，父母应该充当一个什么样的角色呢？按照心理学的观点，为了更为有效地帮助孩子成长，在孩子的学习中，父母最好充当“支架”的角色。也就是说，父母就像支架一样，当孩子需要的时候，可以给孩子指引方向，同时给孩子一定的支撑，让孩子迈向新的高度。

比如说，让一个4岁的孩子整理一屋子的玩具，她一脸茫然不知道该如何下手。这时候，父母可以给予提示，“先把动物玩具收到一起吧。”当孩子把动物玩具都堆到一起后，不知如何处理时，父母可以进一步提示，“把软软的毛绒动物放在这里，把硬硬的塑料动物放在另外一边……”

在父母“支架式”的帮助下，儿童的许多能力会循序渐进地发展起来。

第二编

教养疑惑站

第一章
学习篇

疑惑1：为何要给孩子讲故事？

对3～6岁的儿童而言，父母有一项非常重要的工作就是给孩子讲故事。“开卷有益”，对幼儿来说尤其如此。心理学家发现，儿童在学校的语文阅读成绩同家庭的教育环境之间关系密切。那些家里书籍数量更多，接触书籍时间较早，听父母讲故事时间较多的孩子，上学之后往往阅读水平更高，理解能力更强。

那么，父母具体应该怎么做呢？首先，让孩子尽可能早地接触图书。一般而言，当孩子出生快两个月时，就可以读书、讲故事给他听。另外，在给孩子讲故事时，所用的书中图画不要过多。因为当书中图画过多时，孩子的注意力就会被图画吸引，还会不停地询问有关图画的问题。

其次，不要把给孩子读书与教孩子读书相混淆。给孩子读书，也是一种乐趣，父母和孩子从中都能感到愉悦和宁静，而不是彼此的一种义务或责任。

那么，孩子从中到底能获得什么呢？

首先，可以发展孩子的各种能力。研究发现，接触图书较早的那些孩子，不仅语言交流能力更好，动作协调能力也更强。这不仅由于早期阅读可以激发儿童各种能力的发展，而且因为语言能力与动作协调能力可以相互影响。另外，听别人读书，特别有利于孩子想象力的发展。

其次，阅读也有利于孩子自信心的培养。经常读书给孩子听，可以增强孩子的安全感，而安全感又有利于独立性的培养。高度的安全感、独立性，再加上语言等方面能力的良好发展，这样的孩子往往自信心较强。

疑惑2：培养孩子喜欢读书的小窍门？

小明和小光同一年出生，都上小学二年级，又住在一幢楼上，是形影不离的好朋友。可是，小明很喜欢读书，会尽其所能，找出家里的藏书，饶有兴致地逐字逐句地读着。而小光呢，虽然父母给他买了各种各样的书籍，却难以安静地坐下来看书，即使在父母的“逼迫”下翻起了书，对文字也“视而不见”，他所感兴趣的，只是书中那些五颜六色的图画。

这是怎么回事？为何孩子间会存在着这种差异？

小明和小光对阅读所表现出的迥然不同的态度，是因为他们对阅读文字有着不同的兴趣。这些不同兴趣的产生，与父母早期的教育方式有很大的关系。

小明的父母在他四五岁时，首先教他书写一些简单的字，但不对字的含义多加解释。那时的小明，好奇心很强，父母每教会一个字，他就会用小手学着模仿，到处写个不停。然后大声地读出所写字的读音。五六个月以后，小明已经认得许多字，这时，妈妈就有意识地用这些字组成一整句话，再让小明读出来。当小明意识到书写的文字可以像说话一样用来表达自己的思想时，他马上对阅读这些句子产生了浓厚的兴趣，试图去读出自己所看到的所有文字，并开始在家里翻箱倒柜，找书阅读。

而小光父母的做法却恰恰相反。在小光四五岁时，他们便拿出一本又一本的故事书，教小光认识书中的字，“这个字读‘tài’，‘太阳’的‘太’，这个字读‘rì’（日），是太阳的意思……”刚开始时，小光还津津有味地听着妈妈讲故事，但妈妈频频插入的解释，很快就使他失去了兴趣。因此，他开始讨厌看这些书，宁愿独自玩玩具，也不愿意听父母给自己讲故事、认生字。

两种教育方式的差别之处是什么呢？小明的父母是先教孩子书写，再逐渐过渡到阅读，使孩子自然而然地对阅读产生了兴趣；而小光的父母却是直接教孩子理解这些印刷符号所代表的抽象意义，书写被摆在次要位置。这样做的结果就是扼杀了孩子的兴趣与强烈的探究力，欲速则不达。

四五岁孩子的思维大多处于直觉行动与具体形象水平，只能通过自身的行动与具体的形象，才能理解所学对象的含义。这一年龄段的孩子，很少能在词的水平上进行思维。因此，父母枯燥的讲解只能抹杀他们心中萌发的兴趣，无异于拔苗助长。

因此，要培养热爱读书的孩子，父母一定要记住，书写应先于阅读。

疑惑3：多听音乐能让孩子更聪明吗？

心理学家指出，音乐和美术不仅是学生的消遣活动，还能提高儿童的智力水平。研究发现，从3岁开始，给儿童教授莫扎特或贝多芬的音乐能提高他们的学习成绩。另外，即使每天只弹10分钟的钢琴，幼儿智力测试的成绩也会大幅度提高。

研究者指出，对三四岁的幼儿进行音乐训练，能促使他们的大脑更好地识别空间和时间的模式。当幼儿受到各种刺激时，他们会对刺激做出反应，但他们不会预先经过思考并在头脑中形成图像和过程后再做反应。但某些音乐可以促使他们这种反应能力的发展。研究还发现，对六七岁孩子定期进行音乐和绘画训练，能同时提高他们的阅读能力和数学技能，尤其是音乐与数学之间存在着明显的逻辑联系。

研究者指出，大脑似乎能把它在音乐领域学到的知识应用于另一个领域，例如数学领域。学习的过程不仅包括获得信息，而且包括训练大脑如何处理这些信息。

因此，为了使孩子更加聪明，不妨让他从小就多接触音乐。

疑惑4：孩子学乐器半途而废时父母该怎么做？

虽然能成为像郎朗一样的孩子屈指可数，但是，由于音乐对孩子发展的诸般好处，不惜花重金让孩子学习各种乐器已成为一种时尚。然而，经常听到这样一句话，“妈妈，我不想练……了。”这时的父母该如何做呢？

通常情况下，当孩子学乐器半途而废时，父母会采取两种态度：高压强制政策，不管孩子如何反抗、抵制，父母始终坚持己见，强迫孩子继续学下去；自由放任的态度，完全根据孩子自己的喜好，让孩子自己决定坚持与否，父母不多加干涉。

上述两种态度孰是孰非，难下定论。关键是找到一条更加科学、有效的途径，让音乐在孩子的人生发展中发挥更好的作用。父母可以借鉴以下三个建议。

首先，明确目的。虽然在某种意义上可以说音乐是孩子健康成长的催化剂，但父母应该明确一点，童年音乐教育的主要目标，是给孩子提供有效的感情疏通的渠道。在成人眼里，童年是无忧无虑的，但孩子却时时会觉得生活中充满了约束与挫折。通过音乐，孩子可以找到共鸣，自由地表达自己的喜怒哀乐，身心得到放松。然而，不少父母所重视的是孩子演奏的本领，他们会喋喋不休地对孩子的演奏水平、个人能力加以评价，殊不知，孩子对乐器的厌恶感亦往往由此而生。

其次，良师不可少。在孩子学习过程中，老师的作用不可低估。因此，父母应该给孩子找一个责任心强且理解孩子的好老师。这样的老师，既关心孩子的音乐，也了解孩子的心理，才能有效地进行教学。

不过，在学习过程中，应该让孩子学会遵守以下两个原则：如果要取消上课，必须由孩子自己提前一天亲自通知老师，否则不能取消；在选定音乐练习的时间和进度方面，应按实际情况留有余地。这样做一方面可以培养孩子的独立性和责任感，另一方面可以使孩子感到成人对自己的尊重与理解。

最后，沉默是金。在孩子练习乐器的过程中，父母应适当地保持沉默，使孩子有一定的自由空间。父母应避免不断督促孩子练乐器，也不要喋喋不休地提醒乐器有多贵， 父母挣钱多不容易。这样做既无助于孩子技艺的提高，也不能增加孩子对音乐的兴趣，反而会使孩子产生内疚、压力之感。

另外，父母也不要过高地预言孩子的能力，“你在音乐上的潜力很大，只要好好学，一定会有所成就。”“你很有音乐天赋，我们对你充满了信心。”听到这样的评价，一方面，孩子可能会窃窃自喜，另一方面，为了维持自己在父母心目中的“好形象”，孩子会避免参加考试、练习，他们会对自己说，“如果不参加考试，父母就会保持这样的看法。”“如果我不练，就不会让父母失望。”孩子最需要的，是父母的理解与正确评价。正如心理学家所指出的，“儿童天生具有一种发展、成长的本能，而成人所要做的，只是给孩子提供合适的环境。”

疑惑5：兴趣班的难题

在现代城市家庭中，许多父母“望子成龙”心切，让孩子上美术、英语、音乐等各种兴趣班，甚至不惜重金给孩子买钢琴、小提琴等乐器，希望孩子将来有所作为。可是，更多的时候，我们听到的是父母无奈的叹息：“这孩子，没一点耐心，刚新鲜几天，就没兴趣了！”然后呢，便是父母的一次又一次催促，孩子越来越厌烦，因此，即使重金购置的乐器也成了家里的摆设品。

那么，面对这种情况，父母应该怎么办?

首先，父母应该意识到，当孩子吵着要学某件乐器时，大多只是一时好奇，他并没有意识到他必须要坚持练下去。因此，当厌烦时，他认为不必找任何借口，而只是说，“我不愿意”。

其次，父母也要懂得，当孩子觉得厌倦时，应该让孩子自己自由选择。第一，当父母强迫孩子继续练下去时，只能增加孩子的恐惧心理，他害怕自己以后会被这种枯燥的活动缠住，没有自由，因此会更加厌烦；第二，如果允许孩子自由放弃某种活动，并不意味着孩子会变得没有恒心，恰恰相反，那些成功的要素——激情、动机、意志力、恒心，并不是外界强加的，而是孩子内心自然形成的。因此，父母的强迫对教育孩子而言，只能是弊大于利。

但是，对于贵重的物品，如钢琴，则是例外。一旦买到家里，父母应该让孩子懂得，练钢琴是他的一种责任。但是，在购买之前，父母应该先留出两年左右的时间，让孩子先学，这样既能看出孩子是否真的在这方面有兴趣、天赋，又能让孩子懂得什么是责任与义务，然后再决定是否购买，以免“置之则无可用”，造成资源上的浪费。

疑惑 6：补习越多成绩就越好？

形形色色的课外辅导班在当今社会到处泛滥，给孩子报名上辅导班，成为很多家庭父母投资孩子教育的一颗定心丸。在热播电视剧《人民的名义》中，女强人形象的侯（亮平）太太为了提高儿子的学习成绩，也是见缝插针地给孩子报各类辅导班，最终还导致侯局长出演了一场闹剧来阻挡她给孩子报名数学辅导班。那么，辅导班真能提高孩子的学习成绩吗？

心理学研究表明，适度的压力可以激发学生的学习动机，从而提高他们的学习成绩。但是，如果压力过大，既不利于学生的学习成绩，也有害于他们的心理健康。

在实验中，心理学家找了一批学生，把他们分成两组：一组学生每天要做大量作业，周末还要上各种补习班，他们感到生活中的压力很大；而另一组学生则每天都坚持进行定时定量的学习，除此之外，还要进行适当的休息娱乐，他们反映生活过得很愉快。

研究结果发现，第一组的学生由于压力太大，学习效率降低，对学习产生了厌倦情绪，虽然用了大量时间，学习成绩反而不如第二组的学生。研究还发现，第一组的学生经常情绪低落，与同学关系不好，压力小的那一组学生则总是精力充沛，有很多好朋友。

因此，在给孩子报名上辅导班之前，家长还是要根据孩子的具体情况适可而止。

疑惑7：苛刻也是一种错？不要给孩子贴标签

“你就是没有学数学的头脑！”“她的口头表达能力太差！”“他的脑子太笨！”……在平时，我们经常可以听到诸如此类对儿童简单、武断的评价。殊不知，这也许是成人无意的评判，却会给孩子的发展带来难以抹去的烙印。

心理学家指出，由于儿童（尤其是学龄前儿童）思维发展水平较低，不可能对自己各方面的能力及表现进行独立评价，他们往往轻信成人对自己的评价。成人的评价对孩子个性的形成起着非常重要的作用。如果成人夸自己聪明，孩子就会沾沾自喜，认为别人都不如自己，容易形成自负、骄傲的个性特点。反之，如果总听到别人对自己否定的话语，孩子就会产生沮丧的情绪体验，觉得自己处处不如人，容易变得怯懦、自卑。

例如，有的孩子由于动作能力发展较为缓慢，身体协调能力较差。这时，如果周围的成人说：“这孩子总是笨手笨脚，天生不是搞运动的料。”孩子就会认为自己在运动方面，天生不如别人，于是他就会尽量避免参加类似的游戏，不仅使自己失去了锻炼、提高运动能力的机会，同伴交往能力的发展也会受到影响。这样的孩子成人之后，性格往往较为内向、沉闷。反之，如果成人采取一种理解、支持的态度，孩子的发展则会呈现出另一番景象。

因此，在教育孩子的过程中，父母一定要尽量避免轻易给孩子贴标签。过于严厉、苛刻的评价都会对孩子的发展产生难以磨灭的阴影。

疑惑8：如何避免孩子对学习的抵触情绪？

“4加5等于几？”爸爸问5岁的儿子。

“等于8。”儿子小声答道。

“你这孩子怎么这么笨！刚说过又忘了。4加5到底等于几？”爸爸的声音顿时提高了八度。

“等于……”儿子支吾着不敢轻易开口。

“笨蛋！等于9，记住了吧？”爸爸气呼呼地说，“我先出去一会儿。你在这儿老老实实地坐着，什么时候把这几道题做完了再出去！……”

这种情境相信大家都不会陌生。父母望子成龙的心愿固然可以理解，然而，可以断言，如果这位父亲不改变自己的教育态度，他的儿子是不可能学好数学的。因为在他幼小的心灵中已经萌发了抵触的幼苗。

心理学家指出，当成人以威吓、过分严厉的态度对待儿童时，作为一种无意识的反应，孩子会在内心深处筑起一道心理防御机制。儿童在心灵上给成人的反应会越来越少，通过这种心理防御机制，孩子的心灵无意识地说：“你讲，但是我不听。你不断重复，然而我不听你。因为我正忙于竖起一道墙把你拒之门外，不然我就无法构筑起我自己的世界。”

除了心理防御机制，对于成人的威吓，孩子还会对学习产生抵触的情绪。在这种情绪的控制下，孩子会拒绝、讨厌做数学题，进而讨厌学习，讨厌学校、老师、同学，直至完全脱离学校。许多孩子的学校恐惧症就是由此而引发的。

有一位头脑灵活的小伙子，各方面能力都很强。然而，在一些小学水平的简单四则运算上，他所犯的错误却令人瞠目。后来才得知，在小学时，因为总是算错数学题，老师说他是班里最笨的学生。从此，他开始讨厌数学，讨厌那位老师的课，那时他的成绩也曾一塌糊涂。后来虽然发奋图强，考上了理想大学，但他仍对算术运算心有余悸。

由此可见，儿童时期所产生的防御、抵触情绪对其以后发展的影响有多深！因此，在教育孩子的过程中，老师及家长一定要注意自己的言行可能会产生的后果，只有采取循循善诱、耐心细致的辅导方式，才会事半功倍。

疑惑9：识字多就是赢在了起跑线？

在幼儿园家长的“拼孩子”中，经常见到“拼识字”。“人家孩子才3岁都认识100多个字了，还会背好多诗！”“你都5岁多了还不识字，到了小学肯定要垫底啦！”于是，在孩子进入幼儿园，甚至刚刚开始牙牙学语时，许多父母就开始费心劳力地教孩子识字、背诗、算算术。那么，识字早的孩子真的就赢在了起跑线上吗？

首先，出于模仿，三四岁的孩子确实能够记住许多字、诗句。但是，这并不意味着孩子就比别的孩子聪明，这种起跑线的优势也是非常短暂的。因为上小学之后，儿童一旦开始正规系统的学习，那些上学之前已经学会很多知识的孩子，不到一年，大都会“泯然众人”矣。

其次，早期识字不利于孩子的身心发展。心理学家指出，儿童的思维发展有一定阶段性，各种学习都是建立在思维发展的基础之上。三四岁的孩子，思维发展水平较低，学习同样的东西，与六七岁的孩子相比，他们用的时间要多得多。因此，过早地进行正规学习，不符合这一年龄段孩子的身心发展特点，对孩子而言，事倍功半，弊大于利。

最后，应针对孩子的身心特点进行教育。对幼儿园阶段的孩子而言，最适合他们的活动是游戏和玩耍，从中不仅可以促进他们智力的发展，还可以培养他们人际交往等其他方面的能力，为以后身心的健康发展打下基础。

当然，对于那些确实属于“早慧”“智力超常”的孩子，父母可以适当地提前进行正规教育。

疑惑10：多看电视会影响孩子学习吗？

当孩子学习成绩不好时，父母在生气之余，往往会无奈地叹息道，“这孩子可能天生不是学习的料”。孩子学习成绩的好坏果真是天生决定的吗？

不可否认，遗传素质对孩子的学习成绩会产生一定的影响，但其影响程度却很有限。研究者曾发现这样一个有趣现象：英国人与美国人有着同样的血统，来自同一个祖先，他们的遗传素质应是基本相同。然而，在美国，学习成绩不良学生所占的比例却远远大于英国。特别是从20世纪50年代开始，美国在校学生中，学习成绩不良学生所占的比例大幅度上升。这种现象又该做何解释？

后来，研究者发现，英国孩子与美国孩子最大的区别在于他们看电视的时间：一般来说，英国孩子每周看电视的时间不超过5个小时，而美国孩子每周看电视的时间却长达25～30个小时。

因此，许多研究者提出，长时间地看电视或动画片，导致了学生学习成绩（特别是阅读能力）的下降。有些教育人士认为，对学龄前儿童而言，根本不应该看电视。只有在孩子上学学会阅读，并能很好地进行阅读之后，才能够适当地看一些合适的电视节目。对大多数孩子而言，这个年龄在3～5年级，这时，可以放心地让孩子看一些可以拓宽知识面、有益健康成长的电视节目，如《动物世界》、体育节目、历史故事、动画片等。这些节目不仅开阔了孩子的眼界，还激发了孩子进一步学习的动机。很多孩子在看完节目后会兴致勃勃地到图书馆去找一些与电视节目有关的书籍，满足自己的好奇心。

其实，仔细观察一下，我们就会发现，在观看电视或动画片时，孩子基本处于消极被动地位，完全不能参与其中。单纯看电视或动画片丝毫不能促进孩子潜能（如运动、社交能力、思维、想象力、创造力等）的发展，在这个意义上，可以认为电视或动画片是对孩子体验实际生活机会的一种剥夺。

也许有人会提出异议，某个学习成绩不错的孩子也很喜欢看电视和动画片，但是换个角度，如果这个孩子少看一些电视和动画片的话，他很有可能做得更好。另外，我们所讲的是普遍情况，而不是针对具体某个孩子。总之，少看一些电视和动画片，多读些书，对孩子而言利大于弊。

疑惑11：换种学习方式，也许孩子的成绩就能提高？

有个小学5年级的学生，别的功课都不错，英语成绩却一塌糊涂。虽然他自己很用功，父母也想尽了各种办法，但总是不见效。后来，在心理学家的建议下，在学英语时，不仅让他多看、多读，更重要的是让他多听，所学过的英语单词全都以听觉的方式呈现出来。结果，他的英语成绩很快就提了上去。这是怎么回事呢？

原来，在学习新事物时，不同的人喜欢用不同的感官。据此可以分出三种学习方式。

首先是视觉学习型。这种类型的孩子倾向于通过视觉——靠看去认识新事物，在学习过程中，他们非常依赖于自己的视觉，靠看去读、去记。

其次是听觉学习型。这类儿童最有效的学习方式是经过听觉过程，他们喜欢通过听老师讲来进行记忆。前面所说的那个孩子就属于这种类型。

最后是体觉学习者。这种孩子最有效的学习方式是经过动作体验，主要通过个体亲自去做动作来记忆。在学的过程中，让他们亲自去摸、去做，自己动手，手脑并用，效果才好。在学的过程中，他们才会兴趣盎然。

因此，父母应该观察一下，自己的孩子属于哪种类型？当找到自己孩子所擅长的感觉通道后，父母的教育效果将会事半功倍。

疑惑12：因材施教，你的孩子属于哪种类型？

根据孩子不同的学习方式，心理学家把儿童划分为四种类型。采取适合他们各自特点的教育方式，将会收到事半功倍的效果。

规矩的孩子。这种孩子往往做事较有耐心，且有条不紊，在小学阶段成绩较好。他们的缺点是做事的速度较慢，有时候思维缺少灵活性。因此，父母应该经常给他们提供一些进行速度与灵活性训练的机会，如进行“脑子急转弯”“限时任务”之类的游戏。

邋遢的孩子。与规矩的孩子相反，这种孩子的作业往往不整洁，用过的书本总是残缺不全。他们一般喜欢按自己的意志做事。这类孩子的长处是：富有创造性，干事速度快，且往往智商较高。缺点是做事耐心不够，缺乏条理。对待这种孩子，父母可以让他们学习绘画、音乐等艺术项目，同时要着力培养他们做事的条理性。

乐群的孩子。这类孩子的情商较高，善于察言观色，理解他人的意图，并乐于助人。在一个小团体中，他们总是左右逢源，深受欢迎。他们的特长是善于同人交往。但这种孩子的兴趣往往容易转移。当几个人一块儿学习时，他们的效率往往较高。他们适合集体活动，不喜欢独立工作。

好动的孩子。这种孩子往往“坐不住”，正因为如此，家长对他们给予了更多的关注与担心。但现在有些专家认为，“运动是走向学习的大门”。运动使人放松，放松时脑子能很好地接受新东西。孩子在学校里活动的机会太少，因此好动的孩子应该有适合他们的生活节奏。放学后应允许他们好好地去玩，不要放下书包就喊着他们写作业。专家指出，好动的孩子需要有更多的体育活动和游戏，这样能帮助改正他们思想不集中的毛病。

疑惑13：家庭作业越多，孩子知识掌握得就越好吗？

美国的一项调查发现，在小学生中，成绩不好的学生做作业所花的时间比成绩好的学生还要多。由此向那种认为作业越多，学习成绩就会越好的观点提出了挑战。

那么，为什么多做家庭作业并没有提高孩子的学习成绩呢？

最重要的一点是，过多的作业妨碍了学生学习兴趣的产生与保持。刚开始时，那些学习成绩不好的孩子愿意多花时间做作业，因为他们认为这样做就能提高自己的学习成绩。但是，当这种方法不奏效时，他们便会丧失信心，并对学习产生厌倦情绪。

为了提高孩子的学习成绩，父母与老师应从作业的“质”，而不是“量”上下功夫。应有针对性地留一些适合学生能力的、较有代表性的作业。“量少而质高”，才能提高孩子学习的效率，并维持他们学习的兴趣。

疑惑14：父母如何对待孩子的家庭作业？

从幼儿园大班开始，孩子就开始应对形形色色的家庭作业，在孩子的家庭作业中，父母应扮演什么样的角色？这是一个众多家长关注的问题。是“无微不至”，还是撒手不管？

第一要明确责任，这是最重要的一点，也是许多家长容易忽略的一点。严格地说，家庭作业属于孩子和老师的责任范围。因此，家长不应该老是督促孩子做家庭作业。除非孩子提出要求，或者老师做出明确规定，否则家长不应去监督和检查孩子的家庭作业。只要家长一旦承担起家庭作业的责任，孩子就会靠家长管，家庭作业也就可能成为孩子要挟、讹诈、利用家长的武器。而这正是现代许多家长步入的误区。

所以，家长应该毫不含糊地对孩子表明，“家庭作业是你自己的事，你自己要负责，我还有自己的事情。”而不能越俎代庖，对孩子的作业大包大揽。家长所应提供的，应该是间接的帮助，如提供安静的学习环境、合适的参考书目等。

第二要正确估计大班和低年级学生家庭作业的价值。对大班或低年级学生而言，家庭作业的主要价值是让孩子形成独立做功课的习惯。为了达到这个目的，家庭作业的范围就应该在孩子力所能及的范围之内。只有这样，孩子才能不依靠别人的帮助，独立完成作业。与此相反，在许多家长眼里，即使对于幼儿园大班学生，完成家庭作业也是为了提高孩子将来的学习成绩。他们过高地估计了家庭作业的分量，因此，不断给孩子加码，从而过早地扼杀了孩子学习的兴趣。

第三要避免干扰。在孩子写作业时，父母应尽量避免打断孩子，使其注意力被转移。如有些孩子在学习时，有一些坏毛病，如咬铅笔头、用手搔头、不断摇椅子等，如果家长不时对他们提出批评和制止，就会增加孩子的不快，使孩子不能专心写作业。正确的做法应是找个合适的时间向孩子指出需要纠正的问题。另外，在孩子做作业时，还有些家长喜欢不时地提出问题或差使孩子干别的事，这种做法也应该避免。

第四要支持老师。家长对学校和老师的态度，也可能影响孩子对家庭作业的态度。如果家长习惯于责备学校、贬低老师，那孩子也会对老师留的作业持同样态度。因此，家长应该支持老师的立场。当老师要求严格时，家长应一边支持老师，一边对孩子表示同情与理解，“他真是个认真严格的好老师，妈妈知道你很辛苦。”

最后要减少批评。当看到孩子不愿写作业时，许多家长的第一反应便是唠叨，甚至大发雷霆。虽然这样做无济于事，只能以两败俱伤而收场。其实，每个孩子的内心都有对独立的渴望。当父母热衷于纠缠孩子的学习成绩时，孩子就会觉得这是父母在干涉自己的事情。逆反的情绪使孩子宁愿失败，也不愿以高分数来迎合父母的意愿。对于这种抵制学习的孩子，需要进行心理上的引导，但应尽量避免父母无益的批评。

疑惑15：玩物真的会丧志吗？

贪玩是每个孩子的天性，尤其幼儿园阶段的孩子，更是热衷于各种游戏和玩具。可是，许多家长担心孩子会“玩物丧志”，不时会在耳边唠叨，“现在少玩儿一会，多学些东西，你将来就会生活得更好。长大以后，出去玩的机会多得是。”童年少玩一会儿，真的可以换来长大之后的幸福吗？

答案是否定的。

有这样一句话道出了童年游戏的重要性，“童年的不幸，是人生最大的遗憾。快乐的童年，是一个人最宝贵的财富。”现在有许多父母，望子成龙心切，常常在孩子很小时，就进行各种超前教育，强迫孩子识字、背诗，做算术。使得本应该绚丽多彩的童年，变得疲惫不堪。父母的这种做法，有的确实培养出了一些所谓的“超常”儿童。但这些“超常”儿童以后的发展又如何呢？

曾有一位早慧儿童，在很小的时候，父母就开始对他进行正规的书本教育，由于他天资聪颖，13岁就上了大学。然而，在幼年的时候，他就整日埋头于书本，失去了与同龄人交往的机会，在大学，周围都是一些比自己长五六岁的大姐姐、大哥哥，因此，他感到极不适应，不知道该如何同别人交往，同时又无法融入周围环境。后来，他对学习也感到了厌倦，并逐渐染上了抽烟、喝酒等坏毛病。往日的“超常”儿童，今日却成为问题少年。当谈到自己的成长历程时，他说，和别人比，他觉得自己最为不幸，因为只有他失去了本属于自己的无忧无虑的童年。

恰恰相反，那些重视孩子天性，给孩子以充分发展空间的父母，却培养出了真正的“天才”。如世界著名的物理学家杨振宁，在谈及自己的童年时，充满了幸福的回忆，他的童年是快乐、自由的，并没有感受到书本之苦。伟大的作家鲁迅，在他的文章《从百草园到三味书屋》里，向我们描述了另外一种趣味无穷、天真烂漫的童年生活。他们都很“贪玩”，最终却取得了令人瞩目的成就。

总之，要想让孩子“成龙”，完全没必要拿孩子童年的快乐游戏做代价。在阳光明媚的日子里，给孩子留出一些时间，让他们全身心地投入自己的游戏天地，会玩，才会有更加美好的明天。

第二章

习惯篇

疑惑1：怎么帮助孩子改进问题行为养成好习惯?

幼儿园阶段是培养孩子良好生活习惯的重要时期。如果想塑造改进孩子的行为，建议父母可以使用“暂时隔离法”。

首先，父母列一张表，把希望孩子改正的坏毛病一一记下来。可以先从孩子在家里表现出的不良行为做起。例如，先在表上列出以下几个坏毛病：

1. 当我们要求他做某事（或禁止他做某事）时，他：①装作没听见；②哭闹；③抱怨；④当场拒绝，“我不愿意做”。
2. 当我们工作时，他大声说话。
3. 当大人谈话时，他不时地插话。
4. 当要求得不到满足时，他大声哭闹。

其次，建议你买一个便于携带的闹钟，并在房间里找一处安静的角落（最好是一个单独的小房子），保证孩子可以在那里不被打扰地待5分钟。

当一切准备好时，把孩子找过来，先和他一起检查一遍表中的行为，告诉他这些行为是他的一贯表现。再把你的意图认真地向孩子解释清楚——

“你的这些行为很不好，我们希望以后不要在你身上发生。以前，爸爸妈妈总是被你的这些行为搞得筋疲力尽。现在，我们把这张表贴在冰箱上，当你表现出表上的任何一种行为时，你要到那个角落（或小房子）里独自待5分钟，听到铃声响时，你才能出来。”

为了保证计划的顺利实施，你一定要坚持原则，不能对孩子妥协。也就是说，当孩子的行为违反了其中的一条时，你不要威胁他：“我要把你送到那个角落里了”。什么也不要说，把他送到那里，把表定好时间，然后走开。在这样做时，孩子可能会说：“妈妈，我错了，我以后再也不这样做了”。这时，你要说，“当你从那里出来后，就会变好了”。继续把孩子“隔离”开去（隔离时间一般规定为1岁1分钟，6岁的孩子则应隔离6分钟）。大约需要一个星期的时间，您将会发现孩子行为的变化。但是，要让您的孩子建立起良好的行为习惯，需要3～6个月的时间。

这就是西方人非常推崇的“暂时隔离法”，在帮助孩子养成良好行为习惯方面此方法也确实有效。

疑惑2：怎么把“猫头鹰”变成“百灵鸟”？

在成年人中，有许多“猫头鹰”型的，他们一到晚上，就精力充沛，头脑敏捷，喜欢在晚上工作、学习。可是，“猫头鹰”型孩子也非常多，一到晚上，特别是上床之后，他们又笑又跳，异常兴奋。如何让孩子早睡是令很多父母头疼的一个问题。

如何让孩子养成早睡的习惯呢？

首先，要及早培养。对孩子而言，在他们体内仿佛有一个定好时间的钟，到了某一阶段，他们就会对发展某种能力或习惯特别敏感，一旦过了这个时间，再想培养孩子这方面的能力，则要事倍功半。而两岁以前的婴儿正处于对秩序的敏感期，这个年龄段的孩子，对事物之间的顺序、关系特别敏感。因此，要培养孩子养成有序的生活习惯，应该从小抓起。

具体操作可以采用以下方法：

方法一：到了睡觉时间，先把灯关掉，制造出一种睡觉的氛围。然后，对孩子说“该睡觉了”便躺下来。在黑暗中，孩子可能还会兴奋一阵子，但持续的时间不会太长，他就会觉得不好玩儿，亢奋状态慢慢减轻，也就逐渐入睡。这样做几次后，孩子就会形成一种条件反射，一关灯，他就知道该睡觉了。

方法二：有的孩子一关灯，就会又哭又闹。对于这种孩子，最好的办法就是开着灯，但妈妈闭着眼睛装睡，让孩子自己在一边玩儿。等他厌倦之后，就会逐渐入睡。这样几次之后，孩子逐渐会形成条件反射，妈妈一闭眼，他就知道该睡觉了。

如果您的孩子是个“猫头鹰”，不妨这样做试试效果，只要坚持，不久就会把孩子变成“百灵鸟”。

疑惑3：如何培养孩子的责任心？从做家务开始。

责任心是一个人取得成就的基本素质之一。一个做事马马虎虎、没有责任心的人，是很难做好本职工作的。责任心应该从小培养。

那么，如何培养小孩子的责任心呢？要从小事做起。例如，自己吃饭、穿衣，把玩过的玩具放回老地方等，通过完成这些小事，不仅可以提高孩子的自信心，也是培养孩子责任意识的好途径。

“妈妈，我来帮你洗菜。”“妈妈，让我自己来熨衣服吧。”“妈妈，我来帮你扫地吧。”……我们经常听到孩子（包括四五岁的孩子）这样向父母表达自己想做家务的愿望。可家长很多时候会这样说：“孩子，你还小，妈妈自己来洗，你到一边儿玩吧。”“不用了，你还是学习去吧。”

不让孩子做家务，父母有时是从安全上考虑，有的是担心影响孩子的学习，但这种做法是不对的。从小让孩子做家务，不仅是应该的，而且是必要的。

第一，从小做家务，是孩子以后自身生活的需要。长大以后，孩子们都要脱离家庭，独立生存，因此，父母有义务教会他们做各种家务：做饭、洗熨衣服、整理房间等。这不仅有利于他们以后的生活，而且在干家务的过程中，可以让孩子体验到父母的辛苦与操劳。

第二，做家务可以增加一个孩子的安全感。只有在做家务的过程中，孩子才能实实在在地感受到自己是家庭的一员，才能感受到自己在家庭中的地位。这样，他就会产生一种被承认、被接受的感觉，安全感也增强起来。否则，孩子将永远是个旁观者，处于被动的地位。

第三，可以提高孩子的自尊心。在做家务的过程中，当意识到自己所做的事情对家庭很有用时，孩子就会产生一种成就感，自尊心也随之增强起来。

第四，有助于培养孩子的奉献精神。现在的许多孩子，包括成人，只是重视索取，从家庭和社会进行索取，而很少考虑自己究竟对他人、对社会有多少奉献。而奉献精神的形成，与从小在家庭中所受的教育是密不可分的。我们不能想象，一个在家庭中衣来伸手、饭来张口的孩子，长大之后会成为一个具有奉献精神的人。

最后，从小做家务可以培养孩子的责任心。孩子的责任心不是靠父母的说教形成的，而是在干事情的过程中逐步建立的。在兄弟姐妹几个的家庭中，人们会发现，排行老大的孩子往往责任心更强，更懂得体谅他人。为什么会这样呢？就是因为与弟妹相比，他们从小就承担了更多的家务，同时还要照顾幼小的弟妹。

但是，有些家长会担心，做家务会影响孩子的学习。这实在是杞人忧天。首先，现在没有哪个家庭的家务多得足以令一个孩子忙得团团转；另外，我们几乎还没听说过哪个孩子（特别是在城市中）因为做家务太多而影响了学业。

那么，怎么让孩子学做家务呢？

可以先让孩子学做一些较为简单的家务，如扫扫地，摆放筷子，整理一下自己的玩具。逐渐地，再教孩子一些较复杂的家务，如洗碗、整理床铺等。当孩子刚开始做这些事时，首先，父母要多给孩子支持，而不是指示。过多的指示，如“你应该这样做”“这样做不对”等，只会增加孩子的挫折感，使孩子觉得自己难以达到父母的要求。其次，父母不要过多地卷入孩子的活动。父母的过多参与会降低孩子的成就感，从而削弱孩子的积极性。

只要父母采取支持的态度，同时不要过分关注孩子那些不到位的行为，孩子就会逐渐学会铺床、洗手绢等简单的家务劳动，从中也树立起了对家庭、对自己的责任心。

疑惑4：一屋不扫，何以扫天下？

小丽今年6岁了，在学校里各方面都表现很好，可在家里就不同了。按照她妈妈的说法，“这孩子别的方面都让我们省心。可就有一个毛病，不愿整理自己的房间。她的卧室总是一团糟，鞋子、衣服、书本，扔得到处都是，抽屉也经常开着，简直让人没有下脚的地方。我们让她整理，她一副不耐烦的样子，‘这是我自己的房间，我爱这样。’你说，我们该怎么办？”

俗话说，“没有规矩，不成方圆”，即使在家里也是如此。因此，小丽的妈妈应采取一定措施，制定一些具体的制度，让她养成爱整洁的好习惯。

具体可以这样做。首先，制定出日常规则。如：

1. 每天起床后叠被子；
2. 不穿的衣服叠好放在柜子里；
3. 把不穿的鞋子放在鞋架上；
4. 抽屉随时关上；
5. 做完作业后把书本收拾起来。

每天检查小丽的完成情况。若完成得好，她回家后就可以自由安排自己的时间。否则的话，行动将会受到一定程度的限制。如不准看动画片，不准出去玩等。直到把房间收拾好后，再恢复自由。

其次，每隔一段时间（1周或2周）安排一天（周六或周日）进行大扫除。在这一天，她要对自己的房间进行一次彻底的清洁。检查合格之后，才可以出去玩。

“一屋不扫，何以扫天下”，要想有所成就，就要从小事做起。只要坚持按制度行事，孩子就会逐渐养成爱清洁的好习惯。

疑惑5：孩子丢三落四怎么办？

经常听到有父母这样说，“我们孩子快6岁了，却是个有名的‘健忘先生’，总是丢三落四的，我们所说的任何事情他似乎都记不住。让他收拾玩具，转眼就忘；刚买的玩具拿出去一趟就找不到啦；今天要带小花盆到幼儿园，早上到幼儿园后他才想起……”

这些孩子果真像家长所言，是个丢三落四的“健忘先生”吗？

其实，大多数情况下，孩子问题的关键不在于健忘，而是他不愿意从事自己不感兴趣的事情的一种托词。

父母可以观察一下，看他在什么情况下会健忘。如果他总忘记收拾玩具，饭前洗手；却从不忘记冰箱里的冰激凌，甚至父母几个星期前曾说过要给他买小汽车的许诺。那么，可以看出孩子的健忘是有选择性的，他会记住那些自己乐意干的事情，所遗忘的事情恰恰是他所不愿意去做的。

那么，怎么才能提高孩子的记忆力呢？

首先，列一个单子，写出允许孩子做的事情，如：

1. 骑自行车；
2. 到外边玩耍；
3. 在家玩玩具；
4. 每天看动画片30分钟。

然后，把这张表贴在一个显眼的地方，如冰箱上面。每当孩子忘掉什么事时，就把上述“特权”取消一个。所有被取消的“特权”一直到下个星期一才重新恢复。到了星期天，您可以撤掉旧的行为表，和孩子一起制订出一个新的行为“特权”列表，贴在冰箱上，依据孩子的行为决定去留。

用这种无痛苦的方式对待孩子所谓的健忘，可以培养孩子对事情的责任心。如果您坚持这样做，那么，在以后的几个月里，您将会发现自己孩子的记忆力会发生明显的改善。

疑惑6：孩子无理取闹该怎么办？

经常可以看到这样的孩子：在公共场合不停地提出各种各样的要求，希望引起别人的注意，如果遭到拒绝，就大哭大闹，使父母感到很尴尬；当家里来客人时，孩子会不时地跑过来，打断大人们的谈话，使得父母不得不一次次地回答他那些明显打岔的小问题，时时注意到他的存在。而当父母对这样的孩子提出要求时，他却总是充耳不闻。如果父母态度稍为强硬一些，他就又哭又闹。

那么，应该怎样对待这种无理取闹的孩子呢？

首先，父母可以采用“暂时隔离法”，当孩子无理取闹时，对他实行暂时隔离。

其次，也是很重要的一点，父母应该意识到，无理取闹，其实是孩子控制父母的一个手段。因此，父母在平时应把目光从孩子身上移开，不要让孩子成为家庭的焦点。适当地对孩子的行为（尤其是不良行为）加以忽视。即使孩子出生之后，夫妻关系也应该是家庭的主体，这种意识很重要。其实，只要稍加观察我们就会发现这样一个事实，在一个家庭中，如果夫妻关系良好，培养出来的孩子一般身心健康，个性良好。而那些夫妻关系不好的家庭，例如离异家庭，虽然父母在孩子身上花了许多心血，培养出的孩子仍会有各种问题。另外，适当地把眼光离开孩子，也有利于培养孩子的独立性和处理问题的能力。

总之，适当地对孩子的行为加以忽视，让他意识到，自己不是家庭的焦点，自己的行为不能控制父母。那么，他无理取闹的次数自然就会逐渐减少。

疑惑7：孩子做事为何总是虎头蛇尾？

刘勇今年6岁，马上读小学了。表面看来，他是一个聪明的孩子，口齿伶俐，活泼好动。然而，稍一接触，你就会发现他是个有点不太寻常的孩子：一天到晚，他总是一副坐立不安的样子，精力充沛地四处游荡。一会儿看电视，一会儿翻起了连环画，一会儿拿出了爸爸新买的“小冲锋枪”……刚刚开始做一件事，注意力又被另一个事物吸引了过去。很少能看到他会自始至终地完成一件事。

有人认为，刘勇做事虎头蛇尾，是由于他的想象力太丰富了，因此注意力容易转移。还有人说，刘勇可能属于多动症。那么，到底应该怎么理解刘勇的表现呢？

心理学家指出，在儿童身上，具有一种沿着正常轨道发展的心理能量。心理能量必须在运动中得到实体化，这样它才能统一这个有生命的机体的人格。如果这种统一不能获得，不管是由于成人占据了支配地位，还是由于儿童在环境中缺乏动力，心理能量和运动这两个组成因素就各自发展，使得心理能量失去了其终极点而毫无目的地漫游，并沿着错误的方向发展。结果便是儿童的心理产生了歧变，喜欢想入非非，不能专注于一件事情上。

刘勇的父亲性格较为暴躁，动不动喜欢发脾气。小时候，每当刘勇坐在屋子里，又笑又叫，沉浸于自己的小天地时，在一旁工作的父亲总是不耐烦地把他赶到一边去。时间一长，刘勇似乎习惯了父亲的这种态度，不再“执迷”于一种游戏中，变得“朝三暮四”起来。因此，刘勇的过分好动，与小时候他父亲的态度之间有着密切的关系。那么，如何改变他这种虎头蛇尾的毛病呢？

首先，父亲应该反思自己的教育态度，给孩子提供适当的空间，让孩子有充分活动、发展的自由。其次，应尽量给孩子创造一个安静、舒适的环境，使孩子能够专注、平静地投入自己的工作。当然，如果可能的话，最好找专业人士寻求具体的治疗措施。

疑惑8：如何改正孩子的磨蹭？

小明是一名小学生，但从来不会自己独立地把作业写完，每次总是在父母苦口婆心地催促之下，他才磨磨蹭蹭地开始写作业。父母十分头疼，求助于小明的班主任李老师，李老师非常热心地答应了，并对他们说："以后你们不用再为这件事操心了，我会帮助小明学好的。"可是，过了一段时间，父母发现小明不仅没有进步，作业写得更糟糕了。他们只好又去找李老师，李老师却轻描淡写地说："你不用着急，我和小明正在努力。"小明的父母大为不解："这是怎么回事？我们该怎么办？"

首先，在教育孩子中，父母应该记住这样一句话：在事情变好之前，会有一段时间变得更糟。

其次，小明的父母应该搞清楚，谁应该为小明的作业负责任，是小明自己还是父母？当然，应该是小明自己，他已经上小学，应该自己承担责任了。但是，仔细想一想，我们就会发现，其实，小明的父母一直把孩子的作业看作自己的责任。他们提醒小明回家带课本，催促小明写作业，帮他作业检查对错，却没有采取实际行动去帮助小明改正自己的错误。因此，小明仿佛成了局外人，听从父母的摆布，从没想过学习是自己的事情，应该自己负责任，而不是父母的义务。

而李老师却采取了截然相反的态度，放开手脚，让小明自己对自己的学习承担责任。这样一来，小明身上的缺点自然暴露无遗。暂时看起来好像不如从前了，但这正是事情的真面目，也正是问题解决的开端。

因此，孰对孰错，一目了然。我们周围像小明父母这样的家长非常普遍。作为父母，要注意自己对孩子的教育方法，要学着做李老师那样的父母，否则很有可能的结局便是"皇帝不急太监急"，家长越俎代庖，孩子依赖被动，孩子的学习也成了家长的包袱。

疑惑9：如何面对不愿起床的"懒"孩子？

孩子早上赖床，这是很多父母共同头疼的问题。正如一位母亲所描述，她孩子今年5岁，上幼儿园中班。他们夫妻每天7：40要去上班，6：30把孩子喊醒，可每次要喊五六遍，孩子才磨磨蹭蹭地起床，有时候还发脾气干脆赖在床上不起来了。每次都手忙脚乱地帮孩子收拾好，匆匆上学去。本来很充裕的时间，结果弄得他们夫妻每天早上上班时间都很狼狈。

孩子不愿起床，这是一个非常普遍的问题。不仅孩子，即使是大学生、成人，早上不愿起床的也大有人在。不过，这些不愿起床的成人大都因为小时候没养成好习惯。

那么，怎么对待这种“懒”小孩呢？

首先，父母要知道，真正能解决这个问题的人不是别人，而是孩子自己。其次，要解决问题，必须先树立起孩子的责任心。最后，在树立孩子的责任心之前，父母应先不要为孩子承担过多的责任。如每次起床时，父母比孩子更为着急，这是由于他们在无意识中把孩子的问题看作了自己的责任。只有让孩子为自己的行为感到着急、难过，这时才能真正解决问题。

具体怎么做，才能解决问题呢？

第一，制订计划。列一张表。上面依次列出早上孩子需要做的事情，如：

1. 穿好衣服；
2. 叠好被子；
3. 洗脸、刷牙；
4. 准备好书包；
5. 其他今天上课要用的东西。

把这张表贴在孩子房间里较显眼的位置。

第二，解释计划。对孩子说，“从今天起，我们早上不会再像以前那样一遍遍地喊你起床了。每天6：30我们喊醒你之后，给你40分钟的时间，你要依次完成表上所列的事情。然后开始吃早饭。7：10时，我们要过来检查，如果你按时干完了所有的事情，那你可以在下午放学后做想做的事，否则的话，你今天下午放学后不能出去玩，晚饭后也不准看电视。听明白了吧。”

第三，执行计划。早上6：30把孩子喊醒后，不再关注他，干自己的事情。7：10时，过来看孩子的准备情况。如果孩子没有准备好，或是赖在床上，不要生气、着急。当下午放学孩子要出去玩或晚上想看电视时，对他说：“你还记得咱们的计划吧。”当孩子说：“妈妈，我明天一定改好。”不要理会，只是说，“这是我们家的制度，不能随便破坏。”

在开始的一段时间，当你执行计划时肯定会遇到许多困难，但只要坚持下去，“懒”孩子也会养成按时起床的好习惯。

疑惑10：如何培养孩子会“管钱”？

现在家庭，每个孩子都可以从父母那里得到些零花钱。但到底应该怎么做，才能让孩子通过零花钱，学会有效地控制自己的开支呢？

减少干涉。父母自己应该明确，给孩子零花钱是一种教育手段。通过花钱的经验，可以使孩子逐渐学会如何有效地预算、控制自己的开支，培养其理财的能力。因此，父母应避免过多地干涉孩子，给孩子自己选择、决定的权利。

适量而止。至于给孩子多少钱合适，主要由两个因素决定——家庭经济状况及孩子的支配能力。首先，在给孩子零用钱时，其量的多少应该与家庭的预算相符。如果家庭预算较为紧张，给孩子的零用钱较少时，父母应该诚恳地告诉孩子，并对孩子表示同情，“我们也希望能给你多些，但是家里的开支预算是有限的。”而不要对孩子说，“我们给你这么多，是因为你不需要那么多钱。”其次，给孩子的零用钱不要超过他支配能力的范围。开始时，少给一些，以后可以根据情况适时调整。因为一次给太多的钱会使孩子负担过重，且容易养成乱用钱的坏习惯。

分次支付。如果发现孩子乱用零花钱，超过预算开支，父母则应以公事公办的态度同孩子商讨，以达到双方都同意的解决办法。当发现孩子不断出现钱到手就花光的现象时，父母则必须把钱分开，采取分次支付的办法，把一周的钱分成两三次给他。而不应该因此就暂时“冻结”孩子的“财政”来源，这样反而不利于问题的解决。

态度一致。在给孩子零用钱时，父母的态度要前后一致，不能出尔反尔。首先，不能把用钱当作要挟孩子的工具。当孩子考试好时就多给些，否则就减少零用钱，或者以此作为要挟孩子听话的大棒。这些做法都达不到教育的目的。其次，父母也不要感情用事，不能生气的时候分文不给，高兴的时候有求必应。最后，父母还应注意，孩子固定开支中剩下来的不多的零用钱，应由孩子自己储存起来或由其自己支配。

疑惑11：如何培养孩子的自控力？

“一个人要取得成功，20%取决于智商，另外的80%则主要由情商决定。”可能许多父母知道美国一位心理学家的这句断言。因此，现在有越来越多的父母意识到，培养孩子的高情商也是一件刻不容缓的事情。那么，如何培养高情商的孩子呢？我们知道，情商高低的一个重要标志就是自控的程度。所以，培养孩子的高情商应从培养其自控力做起。

心理学家指出，孩子心理的发展是从他律到自律，因此，要培养孩子的自我控制（自律）能力，首先要从父母对孩子的控制做起。

父母在对孩子的行为加以控制时，一定要制定明确的制度，并严格执行。比如父母定下制度，每天写完作业才能出去玩。那么，当没写完作业，孩子却想出去玩时，他们就会央求父母，“让我出去玩一会儿吧，回来后我马上写作业”。在这个时候，父母一定要立场坚定，千万不能妥协，“不行，这是我们家里的规矩”。当孩子再次请求时，如“妈妈，我以后一定先写完作业，就今天一次，好吗”，父母不要做任何解释，只要说“不行”便忙自己的事去。

父母这种严格执行制度的作风，不仅给孩子树立了一个良好的榜样，还在孩子心目中建立了威信，让他们觉得父母是言而有信，值得信赖的。最为重要的是，父母的这种做法使孩子明白了哪些事情可以做，哪些行为是被禁止的，从而逐渐学会控制自己的行为。

反之，如果父母不能始终如一地执行自己定下的制度，今天心情好，就对孩子说："好吧，你先出去玩，回来再写作业。"明天心情不好，便怒气冲冲地说："今天写完作业也不准出去。"这就会使孩子产生许多困惑与焦虑，久而久之，就会变得无所适从，他们会一次次地去触犯纪律，更不用说逐步学会自律了。这也刚好符合心理学原理，不可预料的反馈往往会增强某种行为的出现频率，父母的出尔反尔会直接导致孩子认为有机可乘的幻想。

总之，要培养善于自制的儿童，父母就要及早对孩子的行为加以明确控制。

疑惑12："充耳不闻"是培养专注力的良机？

"林林，快过来，洗完脸再玩。"妈妈喊了半天，小林林仍然坐在床上，全神贯注地玩着小"机器猫"，仿佛没听见一般。妈妈不禁生气了，"这孩子，总是把我的话当作耳边风。这么小就这样，以后长大还了得！"

相信许多妈妈在孩子三四岁时都有类似林林妈妈的经历。其实，孩子这样做并不是因为他们把妈妈的话当作了耳边风，而是由他们心理发展的特点所决定的。

三四岁的儿童，由于他们的注意力发展水平较低，注意范围很窄，因此，他们总是活在此时此刻，全身心都专注于眼前的事物。当他们在干某件事情时，很难再注意到周围的其他事情，以至于在很多时候，家长发现他们对自己的话充耳不闻，仿佛耳边风一般。

另外，孩子的这种行为也是他们身心发展的需要。在专注于眼前事物的过程中，孩子体内的能量得到了充分的释放，这对以后他们注意力及兴趣的维持具有重要的意义。

因此，当看到孩子兴趣盎然地自顾自玩着，把自己的话当作耳边风时，父母不仅不要生气，还要尽量地不打扰孩子。

疑惑13：孩子也要享受工作的权力？

当孩子迈出人生第一步之后，他们就开始为自己的目的而行动。父母常常发现，这时的孩子开始变得任性、不听话，在成人眼里，他们的行为以及使用物体的方式常常是让人不可理解的。

例如，我们经常可以看到一个两三岁的孩子专心致志地坐在地上，把瓶子或盒子的盖子拿起来，又盖下去，把橱柜的门打开又合上，一次，两次……他们重复地、入迷地投入在这种在成人眼中十分枯燥、无意义的活动，仿佛在进行着一项重要、有意义的神圣工作。他们会执拗地要求自己梳头、洗脸、穿衣服，尽管他们的动作十分地笨拙、不协调。

为何这个年龄段的孩子会出现这种情况呢？

心理学家指出，在儿童身上，具有一种工作的本能，在这种本能的驱动下，儿童会主动去做一些在他们眼里非常“重要、有意义”的事情。通过这些工作的练习，儿童动作的灵活性及协调性能得到很好的发展。因此，这些在成人眼里似乎“不可理喻”的工作，却是孩子内心非常渴望去做的，对孩子心理的发展也极为重要。可是，儿童在进行这些基本的活动时，却常常会受到成人的阻挠。因为这些活动经常会破坏成人眼中有价值的物品，成人便企图去支配儿童的行为，让孩子去做成人认为该做的事情。成人与儿童之间的冲突也常常由此而生。

如何解决成人与儿童之间的这种冲突呢？很重要的一点，就是为儿童准备一个适宜的环境，让孩子可以在里面自由、安全地活动。比如很多家中为孩子准备的“儿童房”，就是一个合适的场所。而且在必要的时候，成人还要放弃自己的个性与环境中的某些东西，对孩子做出必要的让步与牺牲。

为了儿童的健康成长，当他们要求“我要……”时，我们不要说“你不能……”，而应记住，如同成人一样，孩子也有自己的“工作”，我们也应对他们的工作给予尊重与让步。

第三章 交往篇

疑惑1：为什么孩子需要友谊？

伴随着孩子数量的减少，中国家庭一个非常普遍的现象便是几个成人围着一个孩子转，似乎这栏孩子就会快活、安全。事实上，孩子天天生活在成人的世界里，会失去许多本属于自己年龄段的一些东西。其中最重要的就是友谊。

同伴的交往——友谊，对孩子的健康成长非常有益。根据国外的一项调查，心理学家发现，那些抑郁、有自杀倾向的青少年在生活中大都缺少朋友，遇到难题无处可诉，因此，他们会感到孤独，承受的压力也更大；而那些拥有好朋友的青少年，善于从外界获取帮助，解决问题，因此，很少感到抑郁，自杀的可能性也更小。

那么，如何培养孩子与人交往的能力呢？应从小培养，在孩子刚刚牙牙学语，蹒跚学步时，就应该让他找自己的小伙伴去，创造机会让孩子更多地与同伴交往。因为友谊就是孩子成长的健心剂。

疑惑2：安静的孩子就是好孩子吗？

常听家长抱怨自己的孩子顽劣难管，较少见到哪位家长因为孩子过分安静、内向而忧心忡忡。因为在一般人眼里，安静的孩子往往是乖孩子，很让父母省心。

但是，当孩子步入小学或中学阶段时，家长就会发现，相当一部分过分安静、听话的孩子往往属于社交退缩、行为被动的类型。大致来说，这些孩子在幼年时期会有以下三种表现：

● 循环、重复的自我刺激模式

在孩子的生活中，也有着他们的“压力”，如与陌生人相处、离家去幼儿园等。

当孩子面临太多的压力时，由于内心过分恐惧、焦虑，他们往往会退缩到自己的小天地。当然，随着时间的推移，绝大多数儿童能够想出一些积极的办法来克服这些压力，但是，那些行为退缩、被动的孩子会逐渐形成一种固定、重复出现的自我刺激模式来摆脱内心的压力。

这些自我刺激模式包括吮吸手指、咬指甲、揪头发、过分贪食等不良行为习惯。

那么，如何帮助孩子摆脱这些令人难堪的坏习惯呢？

家长的做法通常是，当孩子出现这些行为时，便大声呵斥停止，一再禁止这些动作。但是，这种做法一般而言是不会奏效的。首先，在无意识中，父母这种明令禁止、过分关注的行为，是对孩子行为的一种反馈，起到了强化的作用。其次，父母这样做时，丝毫没有考虑孩子行为的起因。

由于孩子的这些行为通常起因于环境的压力，因此，父母关注的焦点应是如何帮助孩子减轻这些压力，而不是孩子的异常行为。当压力消失，周围的环境变得轻松、愉快，孩子感受不到威胁时，那些不良的行为模式也会悄悄地溜走。

● 拒绝与其他人交往

行为退缩、被动的孩子往往不愿意与其他孩子一起谈话、游戏，严重的甚至避免与别人的目光接触。他们通常独处一隅，看着同伴嬉笑。

在通常情况下，成人的目光会被那些顽劣的孩子所吸引，而忽略这些安静、孤僻的儿童。但实际上，这些儿童更需要成人的帮助。只有在与别人交往的过程中，孩子才能建立起自尊心、信任感及归属感，而这些感情的需要是一个心理健康、快乐的儿童所必需的。

● 不良情绪体验的压制

这些过分安静的儿童常常抑制自己的一些不良情绪，当感到愤怒、恐惧、沮丧时，他们并不善于表达出来。

压抑自己的情绪不利于孩子自我价值感及自信心的建立。因此，父母应该尽力使孩子懂得人都会犯错误的，不必要求自己过分完美，应该尽量展现真实的自我。只有当自尊心增强之后，孩子才能更加自如地表现自我，维护自己的立场。

当然，孩子还应学会如何表达自己的消极情绪，才能易于让人接受。成人可以给孩子提供一些示范的榜样，并让孩子如实地表达自己对所示行为的评价。另外，成人要尽量避免这样评价孩子的行为，“没什么值得哭的”“你没有理由这么生气”“这根本不算什么受伤”……虽然孩子表达自己的负面情绪要以不伤害他人为前提，但一定要允许他真实地表达自己内心的感受。

只有当孩子懂得如何以恰当的方式表达自己的感受后，他才能更加自由地展示自己的内心世界，才能活得更加真实、有信心。

疑惑3：孩子过分顺从背后的隐忧

洋洋今年5岁，是个生性腼腆、非常听话的女孩子，是妈妈的掌上明珠。洋洋总喜欢乖乖地坐在妈妈身边，让妈妈给自己讲故事，唱歌，陪着自己玩儿。每当妈妈想要去工作时，她就会问一些问题：“为什么天上的星星会眨眼？为什么……”妈妈解释完之后，她会似懂非懂地点点头，仿佛记住了，但下次又会问起了同样的问题。

洋洋非常听爸爸妈妈的话，很少像别的孩子那样任性、犟嘴，又哭又闹的。如果她在玩玩具，妈妈说声“洋洋，现在咱们开始讲故事吧。”她马上会放下手中的玩具，跑到妈妈身边。她想要小玩具汽车，但如果妈妈说：“女孩子不适合玩这种玩具，应该玩布娃娃。”她便会把目光投向五彩缤纷的布娃娃。

像洋洋这样的孩子，确实很听话，很让父母省心，也是许多父母眼中的乖孩子、好孩子。但是，这种过分顺从的孩子，确实值得夸奖吗？

心理学家指出，这种对成人过分顺从、听话的孩子，实质上是依赖性很强的一种表现。这种孩子的个性往往较为退缩、怯懦，心理能量较弱，常常不能抵制成人的影响。因此，他们往往会依赖于某一个成人，希望用成人的活动来代替自己的活动。这样的孩子缺乏充满活力的心力，他们的创造性也会因此受到很大的抑制。他们不停地提问，只是缠住成人陪伴自己的一种手段而已。

这种依赖性很强的儿童长大之后，往往会成为一个没有主见、被动的人，而且会继续找一个强有力的“家长”（朋友或配偶）作为其依赖的对象。

在社会竞争日趋激烈的当今社会，需要的是内心充满活力，具有主动性、创造性的个体，依附性强的孩子长大之后，往往欠缺必要的挫折应对力，难以在社会竞争之中博得一席之地。

因此，当别人都夸自己的孩子听话、顺从时，父母一定要认真反省一下，自己是否该加强对孩子独立性的培养。毕竟，俗话说得好，“人无远虑，必有近忧。”

疑惑4：孩子有个“隐形的小伙伴”，家长怎么办？

有个3岁的小女孩，每天早上起来后，就自言自语，“婷婷，快起床！”“你穿好衣服了吗？”“啊，你今天的鞋子真漂亮。”“走，咱们吃饭去。”到厨房之后，她会指着身边的小椅子说：“婷婷，你坐这儿，这是你的饭。”。吃完饭后，有时，她会拉着“婷婷”的手，一起出去玩。但事实上，整个过程，就她一个人在自言自语。

那么，“婷婷”是谁呢？原来，那是小女孩想象出来的小伙伴。父母告诉她，家里并没有“婷婷”这个小朋友，可是，不管怎么解释，她就是不相信，确信“婷婷”天天陪着自己。

这是怎么回事呢？

其实，这是孩子发展过程中的一个正常现象。一般而言，3岁孩子的具体形象思维、想象力开始发展起来。这时，他们的头脑中会出现各种现实生活中所没有的事物，来满足他们的需要。这一年龄段的孩子特别喜欢听童话故事，就是这个道理。

在3岁左右，许多孩子都会产生假想中的小伙伴，与他们进行交谈、玩耍，只不过那些独生子女因为玩伴较少，表现得更为突出而已。比如一个3岁的小男孩，每天醒来后，如果大人不在身边，他哭闹几声后，就会兴致勃勃地与某个隐藏的“好朋友”叽叽喳喳地说个不停。

因此，对于这种现象，父母不用过于担心和着急。在多数情况下，这只是孩子发展过程中阶段性的暂时表现。

首先，这是孩子思维、想象力进一步发展的标志。这些都会为孩子以后阅读能力的发展奠定基础。其次，这锻炼了孩子的同伴交往能力。现在许多独生子女缺乏与别的孩子一起游戏的条件，与“假想”中的朋友交往，是孩子给自己创造了与他人交际的机会。最后，有了“隐形”的好朋友，孩子就不会一直缠着父母，使得父母也获得了暂时的解放。

疑惑5：游戏也是一种另类学习？

“你当爸爸，我当妈妈，这个布娃娃是咱们的孩子。”“我当医生，要给每个孩子打针了。”……每个人在回忆自己的童年时，首先想到的就是儿时玩耍的情景。不过，可能许多人并没有意识到，小小的游戏，对人的发展却起着举足轻重的作用。在幼儿园阶段，小孩子的主要学习任务便是游戏。

第一，游戏可以锻炼孩子的各种能力。游戏是一种多感官共同参与的活动，在游戏中，儿童的多种能力，包括感觉、知觉、动觉及认知等，都可以得到有效的发展。儿童从中得到的是一种全方位的体验。换句话说，游戏在儿童的成长中起的是催化剂的作用。

第二，大量研究表明，游戏对儿童健全人格的塑造起着非常重要的作用。那些被剥夺了游戏权力的儿童，长大成人之后，往往情绪更易沮丧或者行为上更具有攻击性。

第三，游戏为儿童提供了一个自由轻松的空间，使其可以体验与认识成人的世界。通过一些幻想的游戏，儿童可以理解一些使他们深感困惑的事情，如离婚、死亡、成人的发怒等。

第四，借助于游戏，儿童可以缓解压力，并学会如何幽默。这样的孩子成人之后，也往往让人感到更富有情趣。

最为重要的是，游戏也是培养孩子人际交往能力最好的一条途径。只有通过游戏中和同伴中的互动，孩子才能学会如何同他人互动交往。

尽管游戏对儿童的发展有着如此重要的作用，现在越来越多的家长却本末倒置，不顾及儿童的天性，剥夺他们游戏的权力，强迫他们去学那些与其身心发展不相符合的书本知识，算算术、认字等，并认为那才是有意义的活动，而最终的结果通常是得不偿失。

因此，在学前阶段，父母应该多多鼓励、支持孩子与同伴一起尽情地游戏。

疑惑6：如何对待孩子的发牢骚？

“妈妈，我不想上学了！”一回到家，佳佳把书包往沙发上一摔，气呼呼地嚷着。

“怎么回事？”正在厨房里忙碌的妈妈赶快走了出来。

“同学们都不愿意跟我玩了。就连最好的朋友晓晓也躲着我。”

原来，上学期由于学习用功，佳佳的成绩进步很快，从中上等的成绩一跃成为班里的第一名。成绩公布后，老师和同学们着实吃了一惊。于是，有一些同学出于嫉妒，开始在背后说佳佳的坏话。有的说佳佳只是运气好，碰巧复习到了考试的题目；有的说是佳佳在背后“收买”了老师，给她“开小灶”；有的说看见佳佳和她妈妈一起提着什么东西去数学老师的家；还有的说是佳佳考试时作了弊……

开始，佳佳倒没有特别在意这些流言，可是，渐渐地，她发现同学们都开始疏远她。课间时，大家不再喜欢像往常一样，喊她出去玩儿；放学后，别人都三个一群，两个一伙的，唯独剩下她自己形单影孤地站在那里；她去找同学搭话，可别人却阳声怪气地说，“你还是让老师给你复习功课吧，免得耽误了你的学习”。……佳佳苦闷极了，她不明白，凭自己的努力学习取得了进步，为什么反而没有朋友了。

得知这些情况后，妈妈也很生气，觉得那些传播流言的同学太不讲道德了，她安慰了佳佳一番，佳佳的情绪才渐渐好起来。可是，第二天放学回来时，佳佳又是一脸沮丧地回到了家，妈妈又是苦口婆心地安慰了她好一会儿。在接下来的几天，每天放学后，佳佳就开始诉苦，妈妈一边听，一边痛斥同学的不讲理，同情佳佳的“遭遇”，安慰佳佳。

可是后来，妈妈发现佳佳与同学们的关系日益疏远，在她眼里，每个同学都是“小心眼”“蛮不讲理”，都不值得和她交朋友。佳佳也变得越来越孤僻，沮丧。这时，妈妈开始真正着急起来，这样发展下去，对佳佳的成长是很不利的。

于是，当佳佳再次发牢骚时，妈妈一反常态，平静地说，“佳佳，你已经是个大孩子了，应该学会自己解决问题。虽然你的同学有错误的地方，可他们也有自己的长处。你应该努力去发现他们的优点，想办法让他们接受自己。你如果自己解决不了，妈妈会全力帮助你的。但找妈妈发牢骚是起不到任何作用的。”妈妈的态度转变之后，佳佳的牢骚也越来越少。慢慢地，她又开始讲起了学校的一些趣闻，半个月后，她又重新有了几个小伙伴，沮丧之色已在她脸上逐渐消失，她又恢复了快乐的本性。

其实，同情就如鸦片一样，小剂量可以减轻痛苦，但是，当剂量稍多时，孩子很容易上瘾。一旦“上瘾”，为了得到更多同情、安慰，孩子将会停止解决问题，任问题积累得越来越多，而同情也会随着加重，直至孩子完全被动、舒适地成为问题的“牺牲品”。

因此，当孩子向你诉苦时，父母要对他说：“孩子，我理解你，但是自己的问题要自己解决，我会帮助你，但绝不同情你。”

第四章
行为问题篇

疑惑1：孩子口齿不清怎么办？

乐乐今年4岁，是个聪明可爱的孩子，大大的眼睛，留着小平头，虎头虎脑的样子。可是，他讲话时，有时却含糊不清。据他父母介绍，乐乐快3岁才会说话。在这之前，他什么话都能听懂，但就是不愿意讲话，只是用手势和父母进行交流，表达自己的意思。而父母虽然心里有些着急，也并没有采取什么措施强迫他讲话。等到乐乐突然开始讲话之后，父母发现比起同龄的孩子来，乐乐的口齿有些不清。特别是发“L”音时，他几乎发不出来。这时，父母才开始着急起来。另外，父母介绍，乐乐的动手能力特别强，特别是对机械、计算机等东西，一看就会用，特别有灵性。

对于这种口齿不清的孩子，父母该怎么办呢？

其实，像乐乐这样的孩子，虽然语言能力发展较弱，但理科（逻辑思维）能力却发展得比一般孩子要好。他们身上通常表现出两种能力的发展不平衡。世界上一些著名的科学家，如爱因斯坦，就属于这种类型。爱因斯坦直到3岁才会说话，但他抽象思维方面的杰出才能，却使整个世界都受到了震动。虽然如此，由于口齿不清会影响孩子以后与人的正常交往，进而影响到其自信心的建立，因此，父母仍要给予充分的重视。父母所应该做的，乃是取长补短。在积极培养孩子理科兴趣的同时，要努力提高孩子的语言水平。怎么提高孩子的语言水平呢？

第一，拒绝用手语与孩子进行交流。在孩子几个月时，就应该用语言和他交流，使孩子多接受语言刺激。当孩子试图用手势表达自己的意图时，父母尽量不要理会。

第二，观察孩子哪些音节发不清楚，着意进行这方面的训练。如多找一些含此音节的词汇，让孩子进行练习。

第三，父母应该意识到，3岁之前是孩子语言发展的关键期，错过了这个阶段，再对孩子进行训练时，往往会事倍功半。因此，对孩子的语言训练越早越好。

疑惑2：怎么帮助儿童克服恐惧感？

不仅儿童，成人也会有许多感到恐惧的事物，这是人类的一种自我保护的本能。但是，当一个人（尤其是孩子）感到恐惧的事物过多，且常常没有具体起因时，这种恐惧感便会影响他的正常生活，严重的还会产生一些心理疾病。

对于儿童的恐惧感，家长一般采用以下四种办法：奚落——“不要做这种胆小的孩子”；强制——“过来，摸摸这只小猫，它不会抓你的”；逻辑说服——“那是电影上演的，世界上哪有什么妖怪”；不予以理会。

事实证明，父母的这四种方法没有一种是有效的，相反，有些方法还可能会加重儿童的恐惧感。那么，如何帮助儿童克服恐惧感呢？心理学家建议父母采用以下三种办法。

亲自实践、体验。当成人一边解释，一边用实际行动证明儿童的恐惧是多余时，常常能帮助儿童克服恐惧感。如帮助一个怕黑暗的孩子。父母可以把房间里的灯给熄灭，然后把一个皮球滚进去，让孩子去取皮球。开始时，孩子肯定害怕，父母可以一边向孩子保证房间里是安全的，一边陪同他进去拿。这样几次之后，孩子的胆子就会大起来，敢独自去房间里取皮球了。经过反复训练几次之后，孩子一般可以克服对黑暗的恐惧。

模仿示范。对别人行为的模仿，也能有效地帮助孩子克服恐惧感。如对待一个怕狗的孩子，父母可以让他观看另一个与他年龄相仿、毫无恐惧感的儿童高兴地和一条狗玩。这样看过几次之后，相当一部分孩子敢抚摸狗，不像以前那样害怕了。

系统脱敏法。这种方法通过由远及近，逐步地使孩子接触他所害怕的情境，从而系统地克服恐惧感。比如对于一个怕猫的孩子，先让孩子观看照片中的猫；等孩子适应后，再让孩子远远地看猫；逐渐地，可以离猫越来越近，在妈妈的陪伴下碰一下猫；最后可以自己摸猫，直至敢独自和猫一起玩。通过这种渐进的过程，孩子逐步摆脱对猫的恐惧心理。

疑惑3：孩子为何心猿意马？

潇潇今年3岁，刚上幼儿园。她出生于一个富裕的家庭，父母都是高级工程师。作为独生女儿，对她的要求，父母总是有求必应。她有各种各样别人所没有的新式玩具，五颜六色的名牌衣服和各式用品。在她眼里，没有什么东西是自己所不能得到的。

到幼儿园之后，令别的孩子入迷的玩具，却引不起她的兴趣。看到别的儿童兴致勃勃地玩某种玩具时，她也会跑过去争着要玩，但很快地，她就会厌倦地把玩具扔在一边，去抢别的孩子的玩具玩儿，几分钟后，她又拿了一个新的玩具……就这样，她一个又一个地换着手中的玩具，但是没有一个能真正引起她的兴趣。

不仅玩玩具如此，在孩子们玩的游戏中，也很少有哪个能真正引起潇潇的兴趣。她一会儿抢着扮演小熊妈妈，一会儿又堆起了积木……但是，没有一项活动能让她坚持5分钟。就像摘玉米的小猴子一样，潇潇总是心猿意马，找不到自己最喜欢的活动。

就这样，潇潇总是在幼儿园的小朋友中间来回穿梭，忙个不停，又无所事事。当别的小朋友专心致志地玩时，她总是个不速之客。因此，逐渐地，大家都开始不喜欢她，潇潇顿时成了独自一人。

有一次，幼儿园的阿姨拿着两块积木，一块蓝色，一块黄色，让小朋友注意积木的颜色，并教他们辨认。平时对什么都漫不经心的潇潇对此表现了极大的兴趣，一节课中，她总是高举着小手，抢着发言，结果，短短的时间里，她认识了5种颜色。

此后的几天里，潇潇忽然对自己过去从不感兴趣的玩具产生了兴趣，她会努力去辨认自己所见到的所有玩具的颜色。逐渐地，她喜欢上了这些玩具，也开始比较投入地与别的小朋友一起游戏了。

从潇潇身上，我们可以看到兴趣的重要性。一旦儿童发现了某种自己感兴趣的东西，他们就会失去原来的不稳定性，并且学会聚精会神。

因此，父母为了让孩子得到更充分的发展，一定要认真去观察、挖掘孩子真正的兴趣所在。

疑惑4：孩子多动背后的秘密

张明刚上小学，是个看起来很机灵的男孩。妈妈带着他一起来寻求心理辅导。在我与他妈妈谈话的过程中，他大大的眼睛总是忽闪着，左右看个不停，手一会儿抓抓衣服，一会儿掏出一袋零食嚼个不停，嘴巴也一刻都不停，或者吃东西，或者不停地咬着装零食的塑料袋。

妈妈介绍说，张明是个特别爱动的孩子，不仅在家里，在学校里上课时，也是一刻都不清闲。而且这孩子经常答非所问。我问了他几个问题，下面是我们之间的对话：

“你喜欢上学吗？”

“喜欢。可是我不聪明。”

“你为什么不聪明？”

“我头小，头大的人才聪明。我们班的刘涛，头特别大，所以他就特别聪明。”

“你喜欢什么？”

“我喜欢动画片，动画片里的……”接下去，他就滔滔不绝地自顾自地讲了起来，说话的神态全然不符合他的真实年龄，给人的感觉他不仅仅是多动症患儿。后来，他妈妈的一段话才揭示了问题背后的真正原因。

“这孩子，小时候得了一场病，后来一只耳朵就失聪了。因此，我们特别疼爱他，总想尽办法满足他的各种需求……”原来，张明多动的真正原因是听力的问题。听力的部分丧失，使孩子从外界接受的信息过少。一方面，他会以多动作为弥补，寻求更多的外界刺激。另一方面，由于缺乏与同伴及他人的正常交流，他养成了答非所问的习惯。

那么，应该怎么对待这种孩子呢？最为重要的一点，是父母要尽量给孩子提供足够多的积极刺激，使孩子从外界接收到更多的信息。例如，父母可以多给孩子讲讲故事，听听音乐等。

当你发现自己的孩子多动时，一定要观察，孩子多动的根源到底在哪里。

疑惑5：孩子咬手指怎么办？

在周围，我们可以看到有许多四五岁甚至上小学的孩子，还经常地咬自己的手指、指甲。这是怎么回事呢？

原因有许多种。有的孩子是因为内心没有安全感，咬手指只是其内心焦虑的一种外化，有的孩子则是由于小时候养成的不良习惯。著名的心理学家弗洛伊德认为，0～2岁的孩子处于口唇期，如果在这个阶段，孩子的吮吸需要没得到充分满足，会在以后形成咬手指的行为。

那么，怎么矫治孩子的这种不良行为呢？

人们提出了许多办法，如让孩子不停地弹橡皮筋、在手上涂辣椒等，但有时往往不奏效。

这里介绍一种心理学家提出的“满爆疗法”。每天用1个小时或半小时的时间专门让孩子坐在那里咬手指，直到他咬得不耐烦、感到厌恶为止。重复几次后，你会发现孩子能够忍受咬手指的时间开始变短。最后，他会对咬手指这种行为感到非常厌恶。此时，他的这种坏习惯也就不治而愈了。如果你碰到了爱咬手指的孩子，不妨试试这种办法。

疑惑5：孩子怕黑，怎么办？

不仅仅孩子，也有许多成人是怕黑的。一到晚上，如果独自一个待在房间，把灯熄灭之后，往往长时间提心吊胆，不敢入睡。怕黑的孩子，并不仅仅是因为胆子小。这种孩子往往想象力丰富，感受力强，较为敏感。那么，怎么克服孩子的这种惧怕心理呢？

心理学家常用一种所谓的“系统脱敏法”来治疗孩子的这种行为。

在孩子睡觉时，不要把灯熄灭，只要把灯的亮度调暗一些。等孩子完全适应在这种亮度下睡觉时，把灯的亮度再调低一些。依照这种办法，每次等孩子适应之后，再逐渐把灯的亮度调低，直至最后，把灯完全熄灭时，孩子也不再害怕。

运用这种办法，要注意以下两点：首先，进度要缓慢，等孩子完全适应新的亮度，并维持一定时间后，再设定新的亮度；其次，每次调的幅度不要过大，否则，孩子的敏感度增高，会前功尽弃。

疑惑6：追求完美是否值得肯定？

在生活中，我们往往听到父母抱怨自己的孩子不好好学习，不求上进。然而，过犹不及，也有另外一些孩子，由于对自己要求太高，事事追求完美，使得父母颇为担心。

王琳虽然还上大班，但已表现出是个很爱学习、很好胜的小女孩。每天吃过晚饭后，她写自己的汉字，妈妈在一边干自己的工作。可是，妈妈发现，小王琳对自己要求特别高，每次写汉字时，都反复修改三四遍，可最后，还是不停地抱怨：“我真笨！我写得太糟糕了！”其实，在妈妈眼里，她的汉字已经写得相当不错了。可是，每次妈妈越安慰她，她就越发抱怨自己。在学校里，却没听老师反映过这种情况。

这是怎么回事？

其实，我们不妨从小王琳的角度想一想，就会理解她的行为表现。在她眼里，自己即将开始一种新的生活，成为一名小学生，因此，她想努力做得最好，获得老师与父母的称赞。所以，她正面临着一定的压力。但是，由于在学校，老师的眼光要分配给每个学生，因此，她那种过分追求完美的本性就没有暴露出来。而当回到家里，独自与妈妈在一起，自己成了妈妈关注的焦点时，她就开始了那种近似神经质的挑剔行为。

像王琳这样的孩子，确实有许多值得父母夸奖的地方。然而，这么好胜的孩子，将来往往难以经受住大的挫折。因此，父母也应适当地帮她减减压，改正她过分追求完美的行为，给自己树立切实可行的目标。

第一，当她写汉字时，妈妈不要和她在一起，让她知道妈妈不再关注她的行为；

第二，当她写作业遇到困难时，自己能够解决，却仍要妈妈过来帮忙，这时妈妈可以告诉她，“相信自己，你可以做好的”；

第三，做作业时，给她限定一个时间，如1个小时。当时间到时，不管她是否写完，都要求她停下来，使她没有时间对自己的作业反复修改。

以后，当孩子再抱怨自己做不好功课时，妈妈可以对她说，“我不愿意听你的抱怨，我相信你能够做好”。一旦失去了听众，孩子也就不会总是对自己的行为挑剔不停了。

疑惑7：孩子黏人怎么办？

叶子，3岁，是个特别缠人的孩子，整天跟着爸爸妈妈，即使在家里，也寸步不离。虽然她有许多玩具，可还是一直缠着父母陪她玩。束手无策的父母只好求助于心理医生。

叶子到底有多少玩具呢？“她的房间里，堆满了我们给她买的玩具，只要是电视广告上播放过的，她几乎都有。”爸爸介绍说。

在心理医生的建议下，叶子的父母采取了以下措施：

首先，对叶子房间里的玩具进行了一番整理。把那些不适合叶子玩的玩具（如结构过于复杂不适合3岁孩子的，材质不太好的，孩子不能直接参与的）给清理出去。这样的话，房间中玩具就只剩下了很少一部分。

然后，在心理医生的建议下，叶子的父母又到玩具店买了一些玩具。这些玩具要让孩子能够直接动手参与，可以发挥他们的想象力与创造力，诸如知名品牌的拼插玩具，都是很好的选择。

最后，给孩子创造一个自由活动的空间。在保证孩子安全的前提下，叶子的父母在家里开辟了一块尽可能大的空间，让叶子可以自由地游戏、玩耍，而且在活动的时候，不会因为安全的问题而经常听到禁止的命令。

过了一段时间，父母惊奇地发现，叶子开始着迷于自己的游戏之中，专心致志地拼搭那些五颜六色的小塑块，再也不寸步不离地缠着他们陪她玩了。

疑惑8：如何面对孩子的撒谎?

“我的孩子今年7岁了，以前，他是个特别听话的孩子。可是现在，我却发现他开始撒谎。就说昨天吧，明明是他趁我们不在家，把家里的计算机给弄出了毛病，可他就是不承认。你说，我们的孩子是不是在学坏？”这位母亲的话可能会引起许多家长的共鸣。确实，在孩子七八岁后，许多父母发现自己原本听话的乖孩子，开始欺骗自己。

这是怎么回事？难道这些孩子真的在变坏吗？

我们都知道，在孩子小的时候，在他的心目中，父母似乎无所不知，父母就是权威。可是，随着年龄渐渐长大，特别是上小学之后，他开始怀疑父母的能力。这时，父母的统治地位已由老师所代替。因此，有时候，孩子会在父母面前耍耍小聪明，骗骗父母。但是，我们不能由此认为孩子在学坏。这只不过是大多数孩子发展历程中的一个阶段而已。

虽然如此，父母还是应该及时阻止孩子这种行为的进一步升级。那么，父母应该怎么办呢？

最为重要的，就是父母不给孩子撒谎的机会。当下次父母发现孩子做错某件事时，不要询问孩子——“这事是你干的吗”，而要以肯定的语气对他说，“这个花瓶是你打碎的，你自己要把这些碎片收拾好”，不给孩子进行狡辩的机会。下次，他再做错某件事时，就会考虑一下是否能瞒得住父母了。

有的父母可能会担心，如果我冤枉了孩子，会对孩子造成伤害。当然，首先，在你指出孩子做错某件事之前，要有一定的证据证明是他干的。这样的话，判断失误的概率就会大大减小。

此外，孩子撒谎的另一个原因很有可能是平时父母对自己错误的反应太严厉，导致孩子因为害怕父母的过激反应而不得不撒谎。在这种情况下，父母应该反省自己的管教方式，面对孩子的错误行为应该通过理性的途径加以解决，而不是对孩子大发脾气。

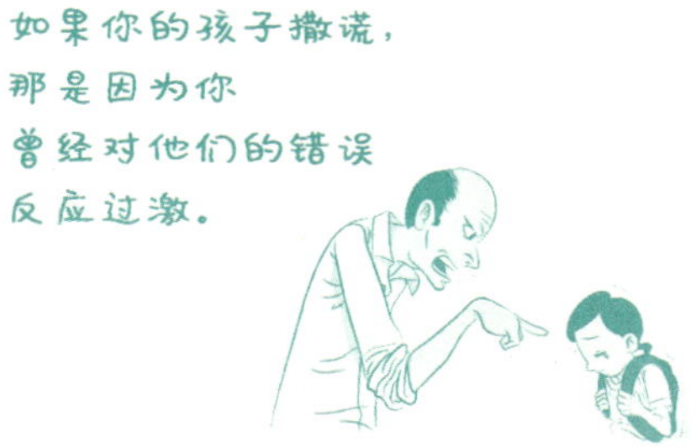

疑惑9：如何对待破坏欲强的孩子？

喜欢恶作剧、任意毁坏东西的孩子最让父母头疼了。如何对待他们呢？下面给父母提供四种对付他们的办法。

防患于未然。凭以往的经验，当父母觉察到孩子马上要“大打出手”时，应迅速跑过去加以制止，但不要怒气冲冲地大喊大嚷。

以静制动。孩子的破坏行为往往是其愤怒与挫折的表达。他们实施破坏行为常常是为了吸引成人的注意，获得一种权力感，满足自己的表现欲。当父母对他们的行径暴跳如雷时，刚好中了他们的圈套。因此，面对孩子的“战场”，父母应尽量保持平静。当然，做到这一点很不容易。

共同收拾残局。在开始时，孩子是不愿意收拾自己所造成的残局的。这时，父母千万不能以此作为一种惩罚，强迫孩子去收拾。应该等孩子自己明白这个道理——既然我有能力造成这种场面，那么我也有能力亲自来收拾——之后，再让他与自己一道收拾。在这个过程中，孩子可以体会到什么是为自己的行为负责任。当然，整理完之后，父母不要忘了说“谢谢”。

宽容以待。在有意或无意识中，父母往往会对破坏欲强的孩子高度警惕，对他们的行为过多地加以限制。但无形之中，这样做限制了孩子的发展，只会使情况更糟。因此，父母应该对他们宽容一些，让他们拥有正常孩子一样的自由，虽然有时候做到这一点很难。因为通过各种活动，孩子才有可能体验到以其他途径吸引他人注意所带来的快乐，才有可能学会如何正确地释放自己的能量。例如，他会发现当自己以“大哥哥”的形象出现，保护弱小儿童时，会更加受人欢迎。

疑惑10：为何孩子会有“收藏癖”？

在成人中，有类似葛朗台的恋物狂。在儿童中间，我们也可以发现一些以敛物为乐的“小小收藏家”。

这些孩子有两种表现。一种是明抢型，看到自己想要的东西时，便不顾一切地去与他人争夺，即使因此会毁坏物品也在所不惜，丝毫不会让步。这种孩子常挂在嘴边的一句话是“我要……”，虽然在很多时候，这些东西对他们而言并无任何价值。

另一种为暗藏型，这种孩子的性格较为沉默、内向，他们不会高声叫嚷自己想要某种物品，他们不善争吵，通常也不跟他人对抗，但会去默默地积聚与隐藏东西。父母观察一下便会发现，他们在收集物品时，并没有特定的目的，他们积聚的东西往往五花八门，相互之间毫不关联，而且许多物品对他们而言是毫无用处的。他们会竭尽全力地保护着自己的物品，时刻提防着别人抢夺的企图。

这两种类型的“小小收藏家”都是不正常的，他们的行为都被聚敛物品的欲望所支配，从而使心理偏离了正常发展轨迹。那么，为何小小年龄的孩子也会成为“小葛朗台”呢？

心理学家指出，年幼的儿童具有一种使用自己多种感官的自然倾向，他们热爱周围的环境，并主动在环境中寻找自己所喜爱的活动，通过活动获得能够促使自己精神发展的滋养品。如果儿童不能在环境中找到自己所喜欢的活动，不能被那些有助于自己发展的活动所吸引，那他就会完全被“东西”所吸引，并且渴望拥有他们。儿童的心理能量由此就转移到了物品上。然而，拿取某物并把它收藏起来是很容易的，并不需要知识与爱，儿童心理的正常发展由此受到了阻碍。这种以敛物为乐的孩子，长大之后，将成为个性贪婪的成人。

因此，当看到自己的孩子漫无目的地大肆收藏物品时，父母一定要留心，把孩子的注意力引向有益的活动中去。

疑惑11：如何避免孩子成为“选择盲”？

现在，经常听到父母抱怨：“如今的孩子太了不得，小小年龄，就总是要这要那的。真和我们那个年代不能相比！”可是有一天，忽然有一位家长叹息道：“我们家的孩子都5岁了，可还是没有一点主见：给他讲故事，他不知道讲哪一个好；让他吃早点，他不知道自己喜欢吃什么；给他买衣服，他也不说哪个好看。真让人费心。”

这个孩子怎么会这样呢？仔细一想，原因其实很简单：父母给他的选择太多了。假如只有一本书、一件衣服、一种早餐，那他又怎么会有难以抉择之苦？

父母应该怎么办呢？

首先，父母要注意自己的言行。仔细想想自己在进行选择时，是否也总是犹豫不决，怕出错误，从而把难题推给了孩子？其次，父母要尽量减少孩子的选择余地。例如，在早餐时直接说：“今天我们吃鸡蛋、面包。”而不必问孩子：“咱们今天吃什么好？”在给孩子讲故事时，直接说：“我现在给你讲‘丑小鸭’的故事。”而不需要征求孩子的意见。

这样做，不仅在孩子心中树立了父母的威信，也使得孩子不必再为进行选择而大伤脑筋，还给孩子提供了一个如何做出决定的榜样。要知道，孩子的绝大多数行为都是模仿学来的。

只要你坚持这样做，很快就会发现，原来那个犹豫不决、没有主见、总是“选择盲”的孩子不见了。

疑惑12：怎么对待没有自信心的孩子?

经常听到家长这样说：“我的孩子自信心太不足，面对新情况时，总是没有勇气，想退缩。做什么事一旦失败，就不愿意再次尝试。例如写作业时，碰到难题，他总是说：‘我做不出来，我不会做。’任凭我们怎么鼓励，他总是不相信自己能做出来，不愿意自己动脑筋。他学骑自行车，只学了一天，摔了一跤，就没信心了，‘妈妈，我学不会。’我们越鼓励他越不敢尝试。”

这种孩子果真是没有信心，胆子小吗？那么，应该怎么对待这种孩子呢？

其实，与其说这是孩子的胆子太小，没有信心，还不如说是家长对孩子过分关注和干涉引起的。

孩子在成长过程中，确实会遇到困难，但这个时候，需要孩子自己独立去面对。如果家长过多地参与孩子的生活，当遇到困难时，父母比孩子还着急，这时，虽然父母的意愿是好的，想去鼓励、帮助孩子，但结果往往适得其反。这时的孩子，不仅要面对自己的挫折感，还要承受父母的焦虑，因此，内心的压力更大了。

另外，父母的鼓励在无意识中阻碍了孩子自己的思考，使得孩子不能以自己的方式面对挫折。所以，这时候孩子对活动继续下去的拒绝，其实是对父母过分干涉自己的一种反抗。

因此，当孩子干某件事时，父母最好让孩子自己去处理。当孩子遇到困难向你求助时，耐心地听孩子诉说。当孩子确实需要你发表自己看法时，可以对孩子说：“干什么事都要遇到困难，如果你觉得自己确实尽了最大努力，那不妨先停一段时间再说。”

总之，在孩子的活动中，父母不能让自己的情绪影响了孩子，要给孩子一个自由抉择和思考的空间。

疑惑13：孩子不好好吃饭怎么办？

我们经常在周围可以发现这样一些孩子，坐到餐桌前不愿意好好吃饭，在父母的软硬兼施之下，他们才勉强地端起饭碗。于是，让孩子吃饭就成了父母的一道难题，每次都要费九牛二虎之力。那么，如何才能使这些孩子轻松地就餐呢？

愉快的就餐氛围。在许多家庭，我们经常可以听到父母这样说：“明明，我希望你今天能把饭全部吃完。”“明明，快点吃！”“如果你不把碗里的饭吃完，就不能吃冰激凌！”……父母往往以为，这样的说教有利于培养孩子吃饭的好习惯。但父母错了，他们的催促与威胁只能引起孩子的反感，使孩子觉得自己不被人理解，其结果往往以孩子的反抗，父母不断升级的唠叨与呵斥而收场。紧张、僵化的空气只能使双方对峙的局面更加恶化。

因此，父母应该改变态度。在餐桌上，允许孩子自由发表意见，评论菜的好坏，也不必要求孩子仿佛在完成某项任务一样，每次必须把饭全部吃完。当然，也没必要以“不准出去玩”等来威胁孩子，作为对没吃完饭的惩罚。应努力使孩子觉得，吃饭是一件乐事，而不是苦差事。

给孩子更多的自主权。对那些吃得很少的孩子，父母应给他们更多的自主权，让他们自己选择盛多少饭，吃多少菜。当然，对于这种孩子，父母还应以赞赏的口气鼓励他们的选择，并且说他们可以先少盛一些，然后吃别的菜。事实上，孩子往往也能吃完自己所选的食物。虽然孩子吃饭确实需要父母的监管与指导，但当他们之间因为吃饭而引发的冲突太多时，父母不妨给孩子更多的自主权。

与幼儿园保持一致。有些孩子在幼儿园里能好好吃饭，可一回到家，却另外一副面孔。有些家长会说这是孩子在故意“淘气”“捣乱”。但是，孩子为什么会“淘气”“捣乱”呢？很大程度上与父母的教育态度有着紧密的联系。一方面，由于在家里的中心地位，使得孩子故意以不好好吃饭引起父母的恐慌。但在很多情况下，父母太多的说教也会使孩子厌恶吃饭。如父母不时地说：“妈妈辛苦半天才做好的菜，你就吃这么一点。”“这是妈妈专门给你做的，不吃完会让她伤心的。”……而在幼儿园里，孩子是很少听到类似说教的。

因此，为了让孩子在家与在幼儿园表现一致，父母首先要尽力创造出与幼儿园相似的环境气氛来。

疑惑14：孩子为何突然行为倒退？

自弟弟出生后，妈妈发现了一个怪现象，原本聪明听话的萍萍突然出现了许多“怪行为”：不服从妈妈的命令，和妈妈顶嘴，更让人着急的是她竟然像幼儿一般，开始了吮吸手指（可她已经6岁了），而且吃饭也变得挑剔起来。妈妈越说，她这些行为越变本加厉。

这是怎么回事？妈妈不知所措。

原因就在于二胎的到来。弟弟的出生，顿时吸引了全家的注意力，成为家里的中心人物，大家天天都围着弟弟转。以往是大家呵护中心的萍萍却被冷落在了一边。

弟弟刚从医院回来的几天，萍萍表现得很好，摸弟弟的小脸蛋，逗弟弟开心。可这一切妈妈似乎都视而不见，眼睛就盯在弟弟身上。萍萍好伤心，不再喜欢这个小小的“竞争对手”，也不愿听妈妈的话，甚至故意与妈妈作对。没想到，这样反而引起了妈妈的注意。于是，她又变本加厉，开始像婴儿一样，吮吸手指，挑食，直至自己完全成为妈妈的注意焦点。

那么，怎么改变萍萍的这种幼稚行为呢？

首先，妈妈要对萍萍的不良行为给予适当的忽视。当她出现这些行为时，妈妈不要再惊慌失措，围着她转，而是要认真地对她说：“萍萍是大孩子了，不应该再像小孩子一样。”然后，便去忙自己的事。

其次，对萍萍的好行为一定要及时进行表扬。这一点很重要，不仅孩子，即使我们成人，内心也常常需要别人的赞扬与承认。比如当萍萍陪着弟弟玩时，妈妈一定要立即给予强化，“萍萍真懂事，知道照顾小弟弟，让妈妈省心了。”

最后，妈妈还要耐心地对萍萍解释，妈妈其实很喜欢她，但弟弟太小了，所以妈妈暂时对他的照顾要多一些，同时还鼓励萍萍一道照顾弟弟。

因此，当您发现自己的孩子突然出现一些“怪行为”时，一定要认真想一想，这是什么引起的，然后对症下药。

第五章
父母篇

疑惑1："太阳"和"行星"：亲子的错位？

朋友邀请夫妇两人出去玩，可是爸爸却说："这要先问一下我们家的头号掌柜是否愿意。"朋友一愣，爸爸接着说："就是小丽（家里的6岁独生女）啊！"大家随即笑了起来。

虽然这只是爸爸诙谐的一句话，却很值得人深思。在现代家庭，"头号"重要人物的桂冠大都属于孩子。换句话，我们可以说，在当今的很多家庭中，孩子是太阳，父母是行星，父母围着孩子转。在大多的家庭中，我们所看到的是几个成人围着一个孩子转，小小的孩子俨然成了家里的指挥官。

这种现象其实很不正常。在一个家庭中，夫妻应该占据着主导地位。

首先，夫妻是一个健全家庭存在的前提。婚姻创造了家庭与孩子。如果把家庭看作细胞的话，夫妻则应是细胞核。家庭要幸福、美满，和谐、积极的夫妻关系是基础。

而孩子只是婚姻的产物。在他们幼小的时候，需要父母的保护与教育，随着年龄的长大，他们的各种能力也随之增强，并会逐渐脱离父母，开始自己的独立生活。而这时候，空巢的夫妻又成了家庭的主体。如果我们把家庭比作一个太阳系，夫妻则是太阳，而孩子好比行星。行星沿着一定的轨道围着太阳转，它也有可能脱离轨道，但太阳的中心地位则不会改变。

最后，以孩子为中心，往往助长孩子的优越感，形成孩子自我中心的个性特征，长大后不利于其健康的人际交往。

因此，在一个家庭中，我们应提倡父母是太阳，孩子只是小行星。

疑惑2：父母应以何种方式教育孩子？

我们经常可以看到有的父母每天对自己的孩子吆来喝去，动不动就怒发冲冠，有的家长对待孩子却总是和颜悦色，耐心讲解。那么，究竟哪一种教育孩子的方式更有利于孩子的成长呢？

心理学研究发现，在那些父母采取严厉教育方式的家庭中，儿童在日常生活中很少得到父母的指导，遇到了困难也不敢对父母讲，经常感到生活中压力很大，因此往往在学校学习成绩较差，经常与其他同学发生纠纷，当然也不受其他小伙伴的欢迎。而那些采取以温情、引导、鼓励探索为特点的民主型教育方式的父母，培养出的孩子却更加自信，与其他同学的关系更为和谐，在校学习成绩也较好。

因此，那些常把“不打不成才”挂在口头的家长，应该改变一下自己的“家长式”作风了。

疑惑3：如何避免对孩子的娇生惯养？

“子不教，父之过，教不严，师之惰”，可以看出，在古代，人们已经很重视对孩子的教育。

可是，在现代社会，随着家庭中孩子数目的减少，孩子的地位却日益提高。过分的溺爱，使孩子养成了许多坏毛病。随着年龄的增长，由于娇生惯养而形成的不良习惯在孩子身上越发暴露明显，于是，在反省自己不当教育方式的同时，许多父母决定改变自己对孩子的管教态度。但是，他们又担心自己态度的突然改变会对孩子造成不良影响。那么，父母应该怎么做才好？

首先，父母应该做好思想准备，在自己态度刚开始改变的一段时间里，孩子的行为会变得更加糟糕。因为所有受溺爱的孩子都不会欢迎父母态度的改变，这意味着他将失去控制父母的特权。在父母态度刚开始改变的一段时间里，作为对父母的反抗，他的行为问题会升级，企图恢复自己往日的中心地位。但是，不管孩子如何反抗，你们都要坚持原则。要记住在情况好转之前，会有一段更为糟糕的时间，这是事物发展的一种规律。

其次，父母应该树立这样的观念：父母要在孩子心目中建立起自己的威信。这一点很重要。父母制定的纪律要明确、清晰，否则会妨碍您与孩子间的顺利沟通与交流。只有当孩子真正信任父母、认为父母值得依赖，父母在孩子心目中建立起威信时，两者之间才能进行良好的交流。人们常说，“马总是驾驭着马车”。在一个家庭中，父母的威信就如同马，而亲子间公开、友爱的关系好比马车，父母的威信决定了亲子关系的状况。

师生之间的关系也是如此。一位好的老师会意识到，要想把课上好，首先要能控制住学生。因此，在第一次上课之前，他会通过制定严格的纪律来建立自己的威信，并通过对纪律的严格执行以赢得学生的信任。因此，在以后的日子里，他就可以较为容易地与学生合作。

一般而言，最理想的管教方式应是严慈相济，这样才最容易建立良好、和谐的亲子关系。

疑惑4：两代人的沟壑：究竟听爷爷奶奶的，还是听爸爸妈妈的？

现代家庭，一般是三口之家。但是，每逢周末，许多父母就会领着孩子去探望爷爷奶奶。这时，矛盾就会显现出来。

爷爷奶奶往往过分溺爱孩子。孩子一到那里，仿佛寻到了保护伞，把父母平日里定的规矩完全抛到脑后，尽情地又吃又闹。因此，回家之后，需要好几天的时间，孩子才能调整过来，重新按父母的约束生活。因此，许多父母经常为孩子在爷爷奶奶那里的失控而发愁，有的甚至因此不敢让孩子经常到爷爷奶奶那里去。

那么，怎么做才能更好地解决这个问题呢？

确实，爷爷奶奶袒护孙辈，这是一个普遍的现象，等我们成为爷爷奶奶时，也会“重蹈覆辙”。所以，我们不能希望老人改变自己的观念。但是，我们同样没必要认为会因此使孩子变得难以管教。

最好的解决办法就是制定一个规则，明确地对孩子说，在爷爷奶奶家时，你可以做你喜欢做的事情，但是，一旦回到家里，你马上要重新按照我们的规矩行事。否则的话，我们将依次取消你以下特权：

1. 晚饭后看半小时电视；
2. 看自己喜欢的图书；
3. 与朋友一起玩；
4. 周末去动物园看大象。

什么时候等你能遵守我们制定的规则了，再恢复你的这些特权。不妨试试，看你的孩子还会不会仗着爷爷奶奶的袒护，回到家里还无法无天。

疑惑5：孩子有必要与父母睡在一起吗？

在许多家庭中，五六岁，甚至上小学的孩子，与父母睡在一起的现象似乎司空见惯。其实，这种做法对孩子的发展很不利。长期同父母睡在一起，往往容易助长孩子的依赖性，而且孩子长大之后，往往胆子较小，社会适应能力差。因此，父母应同孩子分开睡，而且越早越好，只要孩子能照顾自己。

但是，许多家长会说：“其实，我们早就想让孩子单独睡觉了，可是，每次我们让他单独睡时，他总是哭，我们就不忍心让他自己睡了。”确实，大部分孩子在刚开始单独睡时，都是又哭又闹的。但是，父母如果因此迁就孩子的话，只会使问题变得更难解决。

那么，父母应该怎么做呢？

有些人会建议说，“把孩子放到他自己的房间里，不管他怎么哭闹都不要理会，过几次他就会适应，不再闹了。”这也不失为一种办法，但是许多父母是不能忍心任由孩子长时间又哭又闹的，尤其是对年龄较小的孩子。

因此，在把孩子放到自己的房间后，在孩子哭闹时，父母每隔一段时间，都要进去一趟，让孩子确信自己还在，让孩子不必过分地焦虑，间隔的时间可以逐渐加长。过一段时间后，孩子就会逐渐适应自己单独睡觉了。

疑惑6：严师不一定出高徒?

吃过晚饭，明明又不情愿地摊开书本，开始写作业，爸爸则在一旁继续着他的“陪读”任务。

“让我看看你的作业。”“笨蛋，怎么又算错了？一边站着检查去，什么时候做对了什么时候再坐到椅子上！”明明哭丧着脸，无可奈何地站到一边受罚去。

像明明爸爸这样的家长其实很不少见。他们所信奉的是“教不严，父之过。”喜欢用惩罚的手段——诸如呵斥、谩骂，甚至体罚等手段来对待孩子学习中的过错。父母以为只有“严加管教”，孩子才能学有所成。

但无数的事实表明，惩罚对孩子的学习极为不利。

首先，当家长对孩子进行惩罚时，传递的其实是这样一个信息：“你刚才的做法错了”，却并没有指出怎么做才是正确的。受到惩罚的孩子在难过之余，也很迷惑，不知下一步该如何去做才能避免惩罚。于是，他便通过逃避学习来逃避惩罚，而这种做法又导致进一步的惩罚，从而走入恶性循环的怪圈。

其次，惩罚会导致孩子产生焦虑、羞愧、困惑、愤怒、报复等不良情绪体验。这些情绪对学习过程是非常不利的。虽然孩子还会接着学习，但对他们而言，学习的过程却变得更加艰难和乏味，其效果是可想而知的。一位成绩很好却时常情绪低落不自信的小学生这样描述爸爸对自己的惩罚：

我爸爸是理工大学的老师，平时对我特严厉，除了平时上课，还让我上学校办的数学特长班。特长班里老师留的作业有时候特难，我想半天也做不出来，这时爸爸在一边就会变得很不耐烦，用手指着我的头骂："笨蛋，猪脑袋！"这还算好的，更多的时候爸爸会对我说"到楼下转圈去，转够20圈再上来，看你到时候还会不会算"。我们家住5楼，晚上还好，白天一个人这样围着大楼转圈，如果碰上熟人，尤其是同学，我觉得特别羞愧，有时候觉得简直不想活了。我心里也知道爸爸是为我好，但是我特别希望爸爸采取一种启发式的方法，态度不要这样粗暴，我想那样的话我会学得更好。

虽然惩罚对孩子而言，是一种痛苦，但这是家长压力的一种释放，而在现实中，让家长完全不惩罚自己的孩子也并不现实。关键之处在于，家长应该意识到惩罚所造成的不良后果，尽量减少自己的惩罚行为。同时，家长在指出哪些事情不应该做的同时，也要告诉孩子什么是正确的做法。要知道，严师可不一定出高徒，还要兼顾孩子的内心感受。

疑惑7："望子成龙"别太心切？

张林是个2年级的男孩，小小的年龄，鼻梁上已架着一副眼镜，笑嘻嘻瞅着人的样子显出与年龄不相称的幼稚。经过交谈，我发现他的问题主要在于父母的高压管制，让他觉得生活中几乎没有任何乐趣。因此，继承了父母高智商基因的他，学习成绩却一塌糊涂。

当问及他的父母时，他的回答很简单："我不喜欢他们，他们在家时一点都不好玩，老是因为我考不好而打我。我妈妈坏，我爸特懒。"在我让他填写的句子完成测验中，他也很坦率——

我妈妈huài。

我爸爸lǎn。

……

后经了解，其实，他妈妈特别爱他，只是望子成龙心切，对他稍为严厉了一些。可是欲速则不达，这种“严”在孩子心目中成了“坏”的行为。因此，他不喜欢妈妈，更讨厌学习。不知妈妈知道了自己在孩子心目中的形象后，会做何感想?

还有一个小伙子，出身于高知分子家庭，父母从小对身为独子的他疼爱有加。可自上学后，却一反常态，对他开始严加管教。在孩子心目中，父母态度的改变全是因为学习，因此，他讨厌学习，寻找各种借口不愿去学校。当他装病时，父母为了揭穿他，故意带他上医院，可他宁愿忍受打针、吃药之苦，也不愿意上学。如此恶性循环，他的学习成绩只能是每况愈下，最后浑浑噩噩地勉强中学毕业之后便待业在家。

在此，奉劝那些望子成龙的父母，在“恨铁不成钢”时，要反省一下自己“炼钢”的方式是否恰当?

疑惑8：为什么需要适当冷落孩子?

刚从幼儿园回家，佳佳又像往常一样，一会儿缠着爸爸陪他玩小汽车，一会儿又缠着妈妈给他讲故事。可是，今天却有些异常，爸爸妈妈站到了一条战线上，妈妈郑重地对他说：“佳佳，你今年已经5岁，是个大孩子了，不能老缠着爸爸妈妈，应该自己玩了。以后放学以后，你可以去找隔壁的乐乐玩，或者自己玩。晚饭后，爸爸妈妈再陪你玩，听明白了吧?”

佳佳当然不乐意，又闹了一会儿，可见爸爸妈妈并无反应，只好自己到一边去玩拼图了。不一会儿就忘记了刚才的不快，自得其乐起来……

在现在中国，许多孩子是家里的小太阳、父母目光的焦点。这样做其实很不利于孩子的健康成长。父母给予的关注越多，孩子的需求越多，越发以自我为中心，越不愿遵从父母的命令，越有可能培养出一个无法无天的“小霸王”。

因此，现代父母应学习佳佳的父母，每天在适当的时候“冷落”一番孩子。这样做不仅锻炼了孩子的独立性，而且使孩子有了更多与同龄人交往的机会，有利于孩子健全人格的形成。更为重要的是，这样做创造了更多夫妻间交流的机会，对促进和培养良好的夫妻关系有着重要的意义，对形成温馨和谐的家庭环境也更有好处。

疑惑9：父母要学会“和蚂蚁一起散步”

一个3岁的小女孩在穿衣服，一会儿伸错了胳膊，一会儿找不到了另一只袖筒，好不容易把衣服穿到了身上，扣子却系得颠三倒四，成人一两分钟就能做好的事情，她翻来覆去竟用了10分钟；一个2岁多的小男孩端着一杯水，小心翼翼地从厨房向客厅走去，短短几米的路程，他竟然紧张兮兮地走了几分钟……诸如此类的场面每位父母都不会陌生。

不仅在心理上，儿童与成人有着截然不同的思维方式，在行为上，儿童的许多表现也让成人感到难以忍受。成人轻轻松松就可以做得又快又好的事情，儿童却要花费成倍的精力与时间，结果还不尽人意。在行动的节奏上，成人与儿童之间存在着巨大的差异。

那么，当看到孩子的动作如此笨拙、缓慢时，父母应该怎么做呢？

相信大多数的父母是没有耐心等待的，他们会越俎代庖，代替孩子做这些事情。亲自给孩子穿衣服、梳头，用尽可能快的速度来处理好这些他们眼里的“琐碎事情”。这是人的本性，当看到别人的节奏与我们不同时，我们会感到痛苦，并试图改变他们的节奏。

然而，当成人以自己的行动代替儿童的行动时，并不是在儿童的心理需要上帮助他，而是在儿童喜欢由他自己做的所有活动上代替他。这样做的结果则是阻止了儿童自由地行动，成为儿童自然发展的障碍。心理学家指出，给儿童不需要的帮助，是儿童在发展中将经历的各种压制中的第一个压制，这种压制将会给儿童的发展带来许多不利的影响。

因此，当看到孩子用拙劣的动作缓慢地做某事时，父母千万不要忙于替孩子去做，而应吸口气对自己说：“孩子，你慢慢来！”要学会有耐心地同蚂蚁一起散步。

疑惑10：父母应该避免哪些行为？

表扬过多。太多的表扬会给孩子造成许多束缚与负担，当达不到父母的期望时，孩子很容易产生挫折、内疚感。如父母总夸孩子“太聪明了”，当考试成绩不理想时，孩子就会产生深深的自责与沮丧，自尊心与自信心受到沉重的打击。因此，父母最好就某件具体的事情表扬孩子，如“你今天的作业写得很好。”

提问过多。由于迫切地希望更多地了解孩子，许多父母往往一等孩子放学就问个不停，“今天老师有没有提问你？”“数学考得怎么样？”“都和谁一起玩儿了？”……太多的问题只能引起孩子的反感与抵触，落个“讨厌鬼”的名声。有效的做法是进入孩子的世界，更多地和他们一起游戏、聊天，在不经意中，你就会发现孩子的许多秘密。

命令过多。“写作业去！”“把电视关了！”……过于频繁的命令容易使孩子“充耳不闻”，当孩子经常对这样的命令无动于衷时，父母就应该考虑一下自己的话语在孩子心里的分量了。

否认感觉。这是许多父母很容易犯的一个错误。当孩子说，“妈妈，我怕，打针很疼。”时，父母经常会安慰说，“宝贝，没关系，不疼的。”这样只会使孩子感到委屈与恐惧。较明智的做法应该是，“宝贝，妈妈知道，打针是疼，可是打完针后病才能好。”意识到自己得到理解后，孩子的感觉会好些。

嘲笑。当孩子考试成绩不理想时，某些家长会大声呵斥，“笨蛋！木脑瓜！”这种做法会对孩子的自尊心造成严重的伤害。正确的做法是就事而不就人提出批评。

不以身作则。当孩子在外边和人打架时，父母又打又骂的态度会使孩子内心产生强烈的不满，“不让我打架，你们怎么还打人？”在孩子的心目中，父母已威信扫地。要时刻铭记，教育是一个双向的过程，父母的“身教”——示范作用更为重要。

疑惑11：如何面对孩子的错误？

常常听到家长抱怨自己的孩子顽皮，不听话，而孩子似乎总是“明知故犯”。

为什么会出现这种情况呢？关键的一点就在于——父母在批评孩子时，并没有告诉他们正确的行为方式。“你再和同学打架，就不允许你出去玩儿！”“你再写错字，就罚你写100遍！”，对于父母的训斥，我们已经是司空见惯。而结果可想而知，孩子总是在“重蹈覆辙”。因此，父母应采取以下策略：

多指正。当父母以威胁的语气训斥孩子时，有的孩子会因为怕受到惩罚而胆战心惊，但是，他们确实不知道怎么做才是正确的，因此，不可避免地，下次又犯同样的错误。一位孩子曾可怜兮兮地写道：“我每次做错题时，妈妈都踢我一脚。现在一开始写作业我就有些害怕，可是，怎么做才能少犯错呢？”另一位孩子也说：“每次和别人打架，回家就要受到爸爸的训斥，其实我也不愿和别人打架，可每次就是控制不住自己。我怎么才能使自己不与别人打架呢？”可见，孩子确实不是在故意惹父母生气，而是他们确实不知道如何去做。

少威胁。当父母以威胁的语气警告孩子时，很容易触发孩子的逆反心理，为了证明自己不是胆小鬼，不害怕父母的威胁，他们会再次重犯错误，以向父母示威。

总之，当孩子做错事之后，父母应该少威胁，多指正，才能达到教育的效果。

疑惑12：父母“发火”的技巧

在教育孩子的过程中，父母有时难免控制不住自己的情绪，需要发泄一番，但发火之后，往往为自己冲动的言行感到后悔。那么，如何发火才能不对孩子造成不良影响呢？

首先，父母心中应接受以下三条事实。

1. 孩子确实会惹大人生气；

2. 父母是有权力对孩子生气的；

3. 在不攻击孩子身体、性格与品质的前提下，父母可以表达自己的愤怒之情。

在生气的时候，父母可以采取一个逐步表达的过程：

1. 大声说出自己当时的情绪。这样可以给孩子以警告，使他们改正或注意到自己不适当的行为。如父母可以说："我不高兴啦。""我要生气了。"

2. 增强紧张气氛，表达愤怒之情。当第一步不奏效时，父母应该进一步地表达自己的愤怒，并说明自己生气的原因，如"我非常生气！你不该把这些玩具随便乱扔"。

3. 表达自己想要采取的行为。如果孩子仍然坚持自己的错误行为，在进一步表达愤怒的基础上，父母可以说出自己要采取的行动，如"不许再到处扔玩具！再这样做，我马上要把这些玩具全部收走，不再给你玩了。"

父母这样逐步升级地表达自己的愤怒之情，这样既缓解了自己的愤怒之情，又不会对孩子造成伤害，同时给孩子提供了一个示范，使他们懂得如何正确地表达自己的愤怒情绪。

疑惑13：表扬孩子的"窍门"

"我们小晨真了不起，能自己穿衣服了。""小明真能干，画得像真的一样。这是妈妈见过的最漂亮的小房子。"……我们经常听到许多父母这样充满感情地赞扬自己的孩子，仿佛他们是世界上最棒的孩子，即使有时候他们实际上做得很糟糕。

父母这样做，往往是为了提高孩子做事的积极性以及自信心。但物极必反，这样做不仅常常达不到预期的效果，反而会造成许多消极的后果——

心理学家曾做过这样一个实验：他们找了一群孩子，分成两组，让他们分别在两个房间里做一些手工制作。其中一组在制作的过程中，实验者对孩子们大加赞扬，"你做得真好！""你真棒！"，并不时地把他们的作品举起来，让别的孩子看，还对这些作品进行了高度评价。而另一组的实验者却很少赞扬孩子，他们在一旁忙着自己的事情，偶尔过来询问一下是否需要什么帮助，当有的孩子拿着自己的成果兴高采烈地跑过来，寻求表扬时，他们也只是给一些诸如“好好干！”“乖孩子！”“做得不错！”之类关爱的话语。

第二天，实验者又把两组孩子分别带到原先的房间里，让他们自由玩耍。结果发现，第一组的儿童大都去玩别的游戏，很少有人去做手工，他们都尽量避免去碰那些手工材料，而第二组中的孩子很少去玩别的游戏，他们中的许多人仍兴致勃勃地进行着手工制作。从这个实验中，我们可以看出，过多的赞扬会带来消极的后果，并且导致孩子对被赞扬行为的回避。总的来说，过多的赞扬会产生以下副作用。

第一，会增加孩子的挫折感。年龄小的孩子，由于心理不成熟，不可能对自己有一个较为客观的评价，他们自我认识的形成往往依赖于成人的评价。父母过多的赞扬，会使孩子形成对自己不切合实际的过高的评价，认为“我是个了不起的人。”而一旦接触实际，现实与理想的差距又会使他们产生过多的失败感、挫折感。这种结果刚好与父母的初衷相违背。

第二，会使孩子过分地依赖于外部评价，从而降低内部的动力。受到太多赞扬的孩子，往往会形成一种对外部称赞的过分依赖，一旦失去这些外界的赞赏，他们就失去了前进的动力。

第三，会增加孩子的不良行为。对那些自尊心较低的孩子而言，当外部的赞扬与他们对自我的认识不一致时，就会产生焦虑感，为了降低这种焦虑感，他们就会直接做出一些不恰当的行为来。

因此，父母在赞扬孩子时，一定要“三思而后行”。另外，父母还要意识到，自己在表扬时，所针对的应是孩子某种具体行为本身，而绝不是孩子本身。

疑惑14：如何让孩子“听话”？

如何才能让孩子不把父母的话当作耳边风呢？要想让孩子听自己的命

令，有许多办法，但很重要的一点就在于父母如何去下命令，如何去对孩子“说”。“说”得越好，孩子听从命令的可能性越大。

具体来说，在对孩子下命令时，父母应注意以下三点：

首先，语气要坚决。如果你想让孩子帮你打扫卫生，就对他说：“小明，把地扫扫。”而不要用模棱两可的态度说：“小明，你能不能帮我把地扫扫？”商量的口气在无形中给孩子留下了逃避任务的余地。

其次，语言要简要。对10岁以下的孩子来说，他们的理解水平有限，太长的命令让他们摸不着头脑，不明白爸爸妈妈到底说了些什么。比如，你想让孩子吃饭前洗手，就对他说：“小明，先把你手洗洗！”而不要说：“小明，饭前不洗手不卫生，容易让人得病。以后要记住，饭前一定要洗手。要做个讲卫生的好孩子。”虽然这种解释很有道理，但对孩子，尤其是10岁以下的孩子而言，他并没有耐心听这么多的道理。他只想知道到底让他干什么。

最后，要求要具体。一般而言，12岁以下的孩子，思维还处于具体形象阶段，对于抽象的命令要求有时很难领会。如父母说：“在家里小明要做个好孩子。”孩子就会对这句话置之不理，因为在他头脑里，“好孩子”只是很空洞的一句话。但如果父母说：“小明，吃过晚饭自己回到房间里写作业。”孩子就会知道该怎么做。

总之，只有自己讲清楚，孩子才有可能听父母的话。

疑惑15：为什么孩子成长需要“摔倒”？

一位母亲无可奈何地说：“我说了无数遍，可我的孩子老是记不住，每次放学我去接他时，鞋带总是开着，被踩在地上。我真担心有一天他被绊倒。”

“除了绊倒，有没有更坏的结果？”

“除了受点伤，应该不会有更坏的结果。”母亲想了想说，“因为每次上学、放学都有人接送，所以安全上基本是没有问题的。”

“既然你说了许多次，他都记不住，那就暂时不要再说。真的摔倒了，让他自己爬起来。体验几次‘苦’后，他就知道该怎么做了。”

一方面，现代的父母都太宠爱孩子，事事都想为孩子考虑周全：天冷了怕冻着，天热了怕中暑，吃少了怕挨饿，跑快了怕摔倒……当然，照顾好孩子是父母的职责。但是，过犹不及，在父母的保护伞下长大的孩子，长大后又怎经得起人世间的风风雨雨？

另一方面，父母不可能教给孩子所有生存之道。有许多知识是要依靠孩子通过自己的尝试来学习。只有经过反复的尝试——错误，孩子才能逐步体味出许多人生的真谛，仅仅依靠父母的言传身教，他们所获得的信息太有限。

因此，父母应给孩子充分的空间，让他们自由地尝试、学习。当看到孩子由于自己的不慎跌倒时，父母应该站在一边“冷眼旁观”，并告诉他们“孩子，摔倒了自己爬起来。”

疑惑16：物质奖励的局限

“这次数学考试如果能得90分以上，那么我就能得到一个‘小机械人’了。”小帆得意地对我说。原来，妈妈在家里制定一个规矩，每次考试如果超过90分，那么就可以得到一个自己最喜欢的东西，不过价格不能超过100元。

据了解，在许多家庭里，都存在着相似的以“物质”刺激学习的做法。在一定程度上，这种做法也可能会提高孩子学习的积极性。但同时，这种做法也存在着许多缺点：

首先，这种做法真正起作用的时候并不多，有时甚至会起到相反的作用。因为这种物质奖赏（如玩具、吃麦当劳等）对孩子而言，是一种可有可无的东西。因此，很多孩子并不会因为这些东西的“诱惑”而去刻苦学习，努力获得高分数。相反，他们有可能会为了达到目的——高分数而不择手段，包括作弊等。

其次，奖赏是一种无限膨胀的行为。有时候，某种奖赏在短期内，起到了促进孩子努力学习的效果。但你会发现，孩子很快就会对这种奖励感到厌倦。例如，刚开始时，得到一只小玩具熊，孩子就会很兴奋，但是过一段时间后，即使父母奖给他两支玩具枪，也引不起孩子的兴趣。因此，这时的父母将不得不想出新的更好的奖赏物，来重新激发孩子的学习兴趣。

最后，这种做法阻碍了孩子对其行为所承担的责任。父母在这样做时，并没有帮助孩子意识到自己不努力学习会产生的后果，导致了孩子把自己应该做的事——好好学习作为一种交易和父母讨价还价，以好分数来换取新玩具、新衣服等。

一位母亲说："我过去经常用物质刺激来促使孩子好好学习，本来我认为这种做法有助于提高孩子的自尊，可现在我已经意识到不能再用这种办法。因为每次我带着孩子出去时，如果看到自己喜欢的东西，孩子总是以交易的口吻对我说：'妈妈，如果我表现好的话，你是不是要给我买……？'"

因此，父母在教育孩子时，一定要多动脑筋，多方位思考，而不要只是简单地对孩子说："如果你这次表现好，那么我就会给你买……"

疑惑17：父母哪些话容易让孩子反感？

研究者发现，孩子最讨厌父母说诸如"用功吧！""快点做！"之类的话。一位小学生说，她最讨厌放学回家了。因为每次一进家门，父母就会开始老生常谈——"快点写作业。""好好学习。""我当年的时候，学习可用功了。"……听得她头都大了。本来她挺爱学习的，可一听父母这些话，她觉得书本都变得有些令人"憎恶"了。

其实，父母也有这样的经验，当你大声嚷嚷着孩子"快点……"时，孩子反而更不愿意听话了。结果往往不是父母代孩子去做，就是孩子万分不情愿地、在父母的催促下悻悻地去做。

因此，父母也应学会察言观色，尽量少说让孩子产生反感的话——

当孩子已经要做功课时，不要再叮嘱一句："要用功学习呀！"

当孩子不太情愿做某事时，要克制住自己的情绪，对他说："等你做完……之后，咱们一起去奶奶家玩。"给一个时间限制之后，孩子往往容易听话，完成父母的要求。不过，父母要记住，当孩子做完之后，要及时给予表扬："做得很好。"，使孩子感到自己得到了承认。

疑惑18：父母需要孩子的爱也有错吗？

孩子需要父母的爱，但反过来，父母也需要孩子的爱。"妈妈（爸爸），我不喜欢你。"当从自己精心呵护的孩子嘴中说出这样的话时，相信没有哪个父母会坦然面对。但过犹不及，过分企望得到孩子爱的父母，无形中已走进了教育的误区。

助长了孩子的蛮横。由于过分重视孩子对自己的爱，这些父母往往会因害怕失去孩子的爱，而不敢拒绝孩子的任何要求，只是一味地让步。而孩子一旦意识到父母急需他的爱，他就会以此作为武器，来控制父母的行为，满足自己的要求。当父母拒绝自己的某种要求时，孩子就会说："如果你不……，我就不爱你们了。"为了得到孩子的爱，父母最终只得妥协。孩子的蛮横就这样逐渐培养起来。

助人自助。那些过分需要孩子爱的父母，其实并不懂得教育孩子的最终目的。在心理咨询与治疗中，常用的一句话是"助人自助"，而这同样是家庭教育的最终目标。一位称职的家长应该意识到，培养孩子的目标是要使孩子独立生活，脱离父母，而不是让父母成为孩子生活中不可缺少的人。因此，父母关注的焦点应是孩子自身能力的发展，而不是孩子对自己爱的增减。

在日常生活中，父母可以用一些肯定的话语，有意识地培养孩子的自立精神，"完全由你选择。""我们支持你自己的决定。"……这样做不仅可以增强孩子的自信心，同时也增加了孩子对父母的信任与感激之情。

疑惑19：只要孩子活得比我好？

随着人们思想观念的改变，离婚已成为许多家庭不可避免的一种结局，越来越多的单亲家庭也随之而生。

在单亲（尤其单身母亲）家庭里，我们经常可以看到这样一种现象：母亲把自己的全部希望都寄托在孩子身上，而把自身的所有需求却抛之脑后。为了给孩子提供好的学习、生活条件，他们节衣缩食，一味尽力满足孩子的需要。有时怕对孩子造成伤害，甚至不敢追求自身的幸福。我们常听到的一句口头禅是："我总觉得自己对不起孩子，总想为孩子做些什么事，来弥补家庭破碎给孩子带来的心灵创伤。唉，只要孩子能活得比我好！……"

父母的这种补偿行为真的能够见效，使孩子活得比他们好？

恰恰相反。在父母这种心态的作用下，培养出的孩子往往更加抑郁、敏感，对人信任感低、逆反心强等，他们中的许多人甚至也会步父母之后尘，活得并不比父母幸福。这是为何？

在孩子的成长过程中，他们的许多行为都是在无意识地模仿父母。正如我们所观察到的，幸福的家庭往往培养出快乐的孩子。如果在一个家庭中，孩子每天面对的都是愁闷劳苦的母亲，又怎能心情舒畅，对未来生活充满美好憧憬？因此，父母应树立这样一个观念："只有我活得好，孩子将来才更好。"尽力去寻找生活中的乐趣，追求自己的生活，不要总想着为了孩子，不考虑自己的幸福。

另外，当父母把自己的希望全部寄托在孩子身上时，会使孩子负荷过重。在过重的压力之下，我们成人都易出现各种心理、行为问题，更何况未成熟的孩子。因此，单身父母应给孩子"减负"，同时要给自己树立人生方向，不能把生活的整个重心全部放在孩子身上。

总之，那些任劳任怨的单身父母在谆谆教子的同时，应对自己说："首先我要自己活得好！"

疑惑20：离异夫妻如何对待孩子？

在现代社会，离婚率的不断上升给众多的父母提出了这样一个问题，如何尽可能地减少离婚给孩子造成的伤害？从心理学角度有以下四个建议。

不要把孩子当作武器。为了对对方进行报复，有些父母会把孩子当作武器，要挟对方，如不让对方见到孩子等。这样做，会使孩子感到更深的痛苦。如有一位小学3年级的女孩，父母离异四年以来，因为妈妈痛恨爸爸，女孩几乎没机会去看爸爸。当问她最需要什么时，她毫不犹豫地写道："我最需要——爸爸。"这种长期欠缺的需求，对孩子成长的负面影响是深远的。

避免过多地为孩子问题而争吵。在离异的夫妻中，经常为孩子的监护权、抚养、教育等问题而争执不休。这样做，会使孩子产生深深的自责与内疚，他会认为自己是造成父母离婚的"罪魁祸首"。曾有这样一个场面，离异的夫妻在外面吵个不停，他们5岁的孩子却在另一个屋里吓得直哭，"……都是我不好，都是因为我他们才离婚的"。也有许多孩子提出这样的问题："我该怎么做才能使父母不离婚呢？"

这种自责与内疚感非常不利于孩子的身心健康，为了避免孩子产生这种感觉，父母应尽量避免为孩子的问题而吵个不停。

尊重孩子的意愿。在跟谁在一起生活的问题上，如果可能的话，应该听一下孩子自己的意见，让孩子自己选择。这样做有利于孩子更好地适应，减少孩子出现问题的可能性。一位7岁的小男孩说："我希望同爸爸生活在一起，可最后却让我同妈妈生活在了一起，我认为这样做是不对的，我不喜欢同妈妈在一起。"

少给孩子灌输仇恨。有些人在离婚之后，为了达到报复对方的目的，经常对孩子讲对方如何如何不好，甚至把对方的相片也全部撕去，这样做虽然使自己的愤懑之情得到了一定的释放，但对孩子又会产生何种影响呢？只能使孩子过早地产生对世界、对他人的仇视与不信任，使父母离异在孩子心灵中投下的阴影更加深重。因为在孩子的心灵深处，不仅需要爸爸，也需要妈妈。

第六章 玩具篇

疑惑1：如何给孩子选择实惠好玩的玩具？

许多妈妈都有这样的烦恼，给孩子新买的玩具，刚玩没几天，不是被弄坏了，就是孩子不再感兴趣了。于是，家里堆了许多无处置放的小汽车、花狗熊……那么，如何才能选到既耐玩又令孩子喜欢的玩具呢？

除了安全之外，这些玩具应符合以下标准：

第一，有让孩子发挥想象力的余地。如同样一个布娃娃，在孩子眼里，却有着多重含义：给她穿裙子或穿裤子，让她穿红衣服或花衣服，给她留长发或扎辫子，让她做妈妈或当孩子……这样，就给孩子提供了广阔的想象空间。儿童很容易喜欢上这样的玩具。

第二，可以让孩子亲自动手操作的，如拼图或拼插玩具。孩子的好奇心非常强烈，当得到一个玩具时，他首先冒出的念头就是：“这是怎么回事？里面有什么东西？”因此，他常常会把玩具拆开，看个究竟，然后，按照自己的想象，把玩具重新组装起来。在这个过程中，孩子的创造力就会发展起来。

第三，玩具应与孩子的年龄相符合。不同年龄段的孩子，对玩具的种类及复杂程度有着不同的需求。太难或太易都引不起他们的兴趣。如在3岁以前孩子的眼里，一只小皮球、一个小握环，甚至一张简单的图画，都是绝好的玩具，他们会兴致勃勃地玩好一会儿。而六七岁的孩子则不会对这些东西感兴趣，他们所喜欢的是一些更复杂的，如拼图、手工制作之类的玩具。

另外，玩具的材质应该结实，经得起孩子的摆弄。

玩具只要符合以上一个以上的标准，父母就可以考虑给孩子购买。

疑惑2：该不该给孩子买“武器”玩具？

现代社会，随着人们生活质量的日益提高，在许多家庭里，孩子的玩具真是琳琅满目，堆满了房间。毋庸置疑，玩具会给孩子童年的生活带来许多乐趣，有利于儿童的健康成长。可是，许多家长，特别是男孩子的父母，当孩子吵着要“步枪”“坦克”等火力味道较浓的玩具时，不仅会有些担心：“整天玩这种玩具，孩子会不会将来成为一个‘战争狂’。”

其实，这种担心大可不必。

首先，如果没有战争，就不会有这些武器玩具，但是，反过来，玩这种玩具，并不意味着孩子喜欢战争。因为没有任何证据表明，玩这种武器玩具会导致孩子攻击行为的增加。

其次，孩子的游戏大都在模仿成人的生活，但是这些游戏只是模仿而已，并不代表孩子的任何价值观。比如，孩子在游戏中会模仿成人闹离婚，然而，我们绝对不能说，这些孩子也如同成人一样，认为离婚是解决问题最好的方式。

最后，玩具的质量与数量确实对儿童的发展有重要的影响。但是，它们只是影响儿童智力（如想象力、思维能力等）的发展，却不会影响儿童价值观的形成。孩子的是非观、价值观等是在与他人（尤其是父母）的交往过程中形成的，并不是在玩玩具的过程中建立起来的。

因此，只要这些玩具可以促进孩子智力的发展，父母就可以放心地购买，不用担心家里会出一个“战争狂”。

疑惑3：怎样选择有助于儿童视力发展的玩具？

科学调查表明，根据儿童的年龄，选择适当的玩具，特别是彩色玩具，将有助于儿童视力的发展。那么，如何为不同年龄段的孩子选择合适的玩具呢？

1岁半的儿童应选择那些色彩鲜艳、会活动的玩具以及数珠的圆圈，这些都有助于他们视力的发展。18个月至3岁的孩子已经懂得利用双手区别形状和大小，他们需要发展眼和物之间的协调性，可以让他们玩大块的七巧图、转台木马、三轮车及一些简单的拼插玩具。3岁以上的儿童需要发展手眼协调能力，小画板、彩笔、橡皮泥及拼插玩具等是他们最好的玩具。

为了提高学龄儿童视力的协调能力，可以让他们临摹简单的图画和写生，从而加强儿童用手再现他所看到东西的能力，为孩子在黑板上书写和绘画打下基础。对于幼儿园和小学2年级的学生，要让他们玩有投射目标的玩具，如各种球类及单脚滑车等。

疑惑4：可以让孩子养宠物吗？

许多孩子会产生养只小动物的意愿。在照料宠物的过程中，在某种程度上，确实有益于孩子的成长。但当孩子要求给自己买只小动物时，父母一定要意识到，虽然孩子答应自己照管，但这只是表明他有这种善良的意愿，而并不表明他已有这种照管的能力。

非常普遍的一种情况是，虽然孩子欢天喜地地领来了小动物，但由于能力有限，很快就会对每日烦琐的喂养失去兴趣。为了避免孩子灰心丧气以及反过来责备动物，父母应明确地意识到，动物是给孩子玩的，喂养的责任则主要属于父母。

因此，当决定给孩子买小动物时，父母一定要做好心理准备，自己是否有精力和孩子共同承担这项责任。

疑惑5：如何给孩子选择衣服？

面对琳琅满目的服饰，即使给自己买，父母有时也会无所适从，那么，怎么给孩子选择合适的服装呢？

父母筛，孩子选。在给孩子买衣服时，大的方面如需要哪种衣服，价格在什么样的范围，应由父母做主。而具体选哪件，则要由孩子选择。父母可以根据自己的要求挑出几种，再让孩子从中选出自己喜爱的。这样做，既有父母的参考，又体现了孩子的主动性，可以减少冲突的发生。

体现流行。在给孩子买衣服时，父母还应考虑孩子中正流行的样式，选择那些与流行样式相去不远的衣服。否则，孩子就可能受到同伴们的奚落、嘲笑，成为他们的笑柄。

总之，给孩子买衣服时，应由父母提供选择范围，孩子进行选择。

疑惑6：可以给孩子用iPad吗？

在数字信息时代，iPad、iPhone已经成为日常生活中不可或缺的沟通工具。在我们周围经常可以看到孩子手拿iPad看动画、玩游戏。很多家长也因此会产生担心，使用iPad是否会影响到孩子的正常发展呢？

不可否认，接触iPad之类的新科技产品，确实可以在一定程度上促进儿童的智力发育。一方面，iPad可以丰富孩子头脑中的信息量，不管是益智游戏，还是有趣的动画，都可以丰富和扩大孩子的知识面，锻炼孩子的手眼协调能力。另一方面，接触和熟悉新兴科技产品也有助于孩子更好地融入和适应信息时代的生活模式。

但是，长期过多使用iPad，一方面会减少孩子正常的同伴交往时间，不利于孩子的社会能力发展。另一方面，过多使用iPad也会减少孩子的户外活动时间，不利于儿童的身体发育，尤其对儿童视力非常不利。对幼儿园阶段的孩子而言，更是如此。为了孩子的健康成长，父母应该限制他们使用iPad的时间。在现实生活中多同同伴交往，多参与体能游戏，才更有利于他们的健康发展。

第二编

幼儿园里的故事

第一章
隔代参与抚养下的问题行为

在中国文化中，“三代同堂”“儿孙绕膝”，是很多中国人对幸福家庭的构想画面。几个家庭成员协同教养儿童，也是一个非常普遍的传统养育模式。在现实生活中，由于年轻父母大多工作繁忙，隔代参与抚养孩子的情况非常普遍，尤其在幼儿园阶段更是如此。

从心理学的角度来看，在两代人共同参与抚养孩子的模式中，最为重要的影响因素有两个：家庭氛围和教养观念的一致性。和谐愉悦的家庭氛围最有利于孩子的身心健康发展，紧张冲突的家庭人际关系会导致孩子的各种心理和行为问题。比如本章的案例12就是典型的在成人冲突和高压式家庭教养氛围下导致的儿童情绪问题。而抚养者之间养育观念的一致性也同样重要，不一致的养育理念会直接导致孩子的各种行为问题。比如在本章的案例7中，父母对儿子N要求严格，老人对孩子要求宽松，每当父母要管教时，老人便会过来充当“救兵”，从而导致了孩子过多的攻击行为。案例1也属于此类情况。在案例9中，爸爸妈妈的教养理念差异在很大程度上导致了女儿L的任性、霸道和乱发脾气。

此外，心理学研究一致指出，隔代参与抚养儿童的一个明显弊端便是隔代溺爱。隔代溺爱通常有三种表现：一是对孩子事无巨细，大包大揽，由此导致孩子动手和生活自理能力的极度欠缺，依赖性强；二是对孩子行为的过分纵容，导致孩子行为自控力差，较多冲动和攻击行为；三是对孩子过分保护，总是担心孩子发生磕磕碰碰，有意无意之间会限制孩子的户外活动和同伴互动，导致孩子缺乏充足的同伴交往机会，人际交往能力相对较弱。本章的12个案例形象地描述了那些在隔代溺爱环境中长大的孩子在幼儿园里的种种故事。

在有祖辈参与抚养孩子的家庭中，为了帮助孩子更好地发展，家长，尤其是祖辈，应注意从以下三点做起：一是学会放手，多让孩子做自己力所能及的事情，避免事事包办；二是要教规矩，在日常生活中培养孩子的规则意识，学会管理自己的行为；三是到同伴中去，鼓励孩子多和同伴交往，有意培养孩子的人际交往能力。

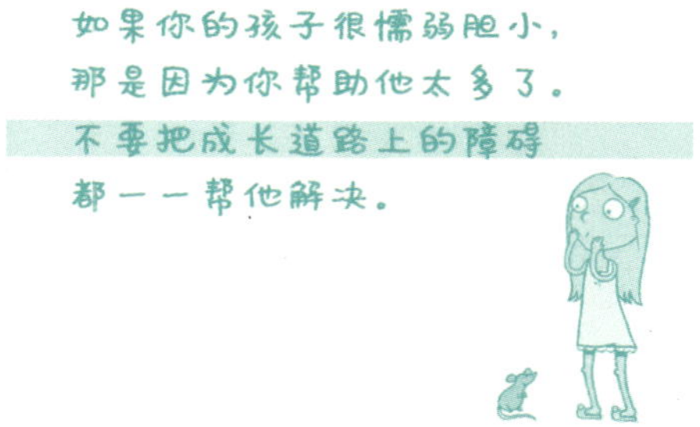

案例1：溺爱式的过度包办

D，男孩，5岁，中班。爸爸是大学教师，妈妈是外企经理。爸爸妈妈平时都忙于工作，孩子一般由爷爷奶奶照顾。爷爷奶奶对D非常宠爱，D在家里吃饭从来不动手，就是等着爷爷奶奶来喂他，若爷爷奶奶不喂，他就宁愿饿肚子。D不仅仅在家吃饭要爷爷奶奶喂，穿脱衣裤、洗脸刷牙等，很多事情都是爷爷奶奶包办代替的。爸爸虽然工作繁忙，陪伴孩子的时间不多，但也十分宠爱孩子，经常用买玩具、吃零食等办法来满足孩子的一些需要，对其行为习惯等方面的问题似乎关注较少。

在教育方法上，父母和祖父母的认识也不一致。爷爷奶奶认为孩子小，万一饿着冻着，容易生病。而父母知道包办代替不利于孩子能力的发展，要求爷爷奶奶要放手让孩子自己做事情，却没有好的方法，而自己参与孩子教育的时间也很少，最终还是全权交由爷爷奶奶来带孩子。发现孩子的行为问题时，还会和爷爷奶奶为怎样教育孩子发生争执，结果往往是拗不过爷爷奶奶，只能顺着长辈。

问题行为：依赖性强，自理能力差，不合群。

D的问题主要集中在过度依赖成人，生活自理能力弱，动手能力差，缺乏自信以及不愿与人交往。

午饭时间到了，D完全没有吃饭的概念，虽然其他孩子都已经坐在自己的座位上，开始吃午饭了，D仍旧在活动室里摆弄着幼儿园的玩具。老师来到D面前说："该吃午饭了。"D仍旧沉浸在自己的世界里，不理不睬。老师拉住D的手，把他带到饭桌前，D就坐在那，一动不动。老师再次走到D面前："饭菜真香啊，你自己吃一口吧！"D把头转向另一边。当老师再次要求D吃饭时，他指着饭菜说："我刚才看到里面有个小黑点，还有个尾巴呢。"老师用小勺翻动着碗里的饭，耐心地说："没有小黑点，你看根本没有。"D说："有个小黑点，我没撒谎。"他仍旧拒绝吃饭，呆呆地坐在椅子上。最后，当老师喂D时，他一大口一大口地吃，很快吃完了所有饭菜。

运动时间，孩子们在练习拍皮球，多数孩子已经能够熟练掌握拍皮球的技能，一些控球能力稍弱的孩子也在认真练习，D一个人坐在边上的摇椅里晃来晃去，游离在集体之外。老师拿着皮球走到D面前："快来拍皮球。"D说："可是我的手已经很累了。"老师请来D喜欢的Y，说："你和Y一起拍，请Y来教你拍皮球，好吗？"D这才拿起皮球拍了起来，D眼睛并不看皮球，胡乱拍了几下，皮球调皮地滚开了，没多久，D放弃了，又坐到边上，老师再次邀请D练习，D说："可是我的腿也很累了。"

专家建议

父母应该制定计划，逐渐增加单独陪伴D的时间，在家庭教育上也要逐渐转换为父母担任主要职责。另外，应该有意识地创造机会培养D的同伴交往能力和做事的主动性（具体内容可以参考第一篇中第三章的第一部分）。

案例2：全盘包办下的过度保护

F，男孩，父母都是80后，经常忙于工作，缺乏与孩子的交流沟通，在教养孩子方面缺乏经验，而且不是很在意对孩子的早期教育。把孩子的养育问题全部交给了外公外婆，由祖辈全面负责照顾和接送F。外公外婆年龄五六十岁，退休工人，中等文化水平。

老年人对外孙比较宠爱，什么事情都帮忙包办代替，衣服帮他穿，吃饭帮忙喂，书包帮忙理，玩具帮忙拿，就连上卫生间都陪着，可谓捧在手里怕摔着，含在嘴里怕化了。每当遇到刮风下雨天气时就不去幼儿园。

就是在这种环境下，孩子变得什么都不会，什么都等着大人帮忙做，什么能力都没得到培养和提高，久而久之造成各方面能力落后于其他儿童。

问题行为：生活自理能力差，人际交往被动，动作能力差。

F虽然在同龄幼儿中月份是大的，但是各方面能力的发展显得十分稚嫩。在自理能力方面，包括洗手、独立进餐、自己换衣服、整理玩具等，对于F来说都比较困难。比如，洗手时只会两只手并拢放在水龙头下冲着，随意地搓一搓，抹肥皂这些洗手的简单行为都没有。成人没有指令的话就保持一个动作，缺乏主动意识，需要老师握住他的手全程陪同帮忙才能完成洗手的过程。同样的行为在进餐中也是如此，F只是看着同伴进餐，小手不动，老师教他拿勺子的方法然后让他自己动手吃，可他只是茫然地看着老师，一口也不吃，老师喂时他才表现出高兴的神情，从而大口地吃完。

F的人际交往也非常被动。在日常活动中，他总是一人待着，喜欢玩具，每天都会带来不同的玩具，自由活动时就拿着玩具左看右看摆弄着，几乎不说话。有孩子主动和他交流，想跟他交换玩具时，F只是呆呆地看着，随便别人拿，没有玩具了也不会向老师求助，情绪也没有变化，没有同龄孩子应有的那种着急、害怕等情绪。等老师主动问时F会表述情况，而且说得一口流利的上海方言，表述清楚。

在动作发展方面，平衡能力、跑跳能力、动作协调性也非常不够，很多运动项目都不能独立完成。运动时其他孩子通常兴趣很高，乐意参加，而F总是远离大家，老师、小朋友带他玩可以参与，但是只要不看他的情况下就单独站一边，没有什么可以引起他的兴趣。

● 专家建议

F的问题主要源自老人的过度保护。问题解决的核心也是老人应该逐渐放手，给予孩子更多的独立发展空间，有意识地培养孩子的生活自理和人际交往能力（具体可以参考P17第一编中第三章的第一部分的内容）。

案例3：妥协式的祖辈溺爱

L，男孩，6岁，大班。五官清秀、皮肤黝黑，眼神游离、略带迟疑，性格内向，话极少。

妈妈在大学任职，工作较忙，回家很晚，平时和L的相处时间较少。除了家长会，一个学期妈妈偶尔有几次会来幼儿园和老师交流L的情况。L的父亲在外地公司工作，一年只回来几次，和儿子的见面次数屈指可数，L对父亲也不够亲密和依赖，更青睐姥姥姥爷的陪伴。L是姥姥带大的，相比妈妈，L和姥姥更加亲近，因为L从出生开始，日常生活就是姥姥照顾的。

L妈妈的个性比较温和，在和L有分歧的时候态度也不强硬，例如L喜欢吃零食，可是晚餐时间快到了，妈妈虽然有不同的想法，但是想用语言说服L的策略无效后，只能任由孩子。姥姥对L很宠爱，只要姥姥能做的绝不让L做，造成他的自理能力较差。

问题行为：自理能力差，行为习惯差，人际交往退缩。

L各方面的发展比一般幼儿要缓慢一些，从小爬行、说话都要比同龄人晚一些，同小区的其他幼儿基本没有主动交往。

L刚来幼儿园第一周时，不哭也不闹。一周过后，当所有孩子都开始习惯幼儿园生活时，L却开始哭闹。他不是大哭发脾气，而是一边啜泣一边碎碎念："我不哭了，姥姥一会儿就来接了。"从早到晚，反反复复念叨这两句。任由老师怎么安慰，怎么说都没有用。不进餐也不睡觉，只是重复着"我不哭了，我不哭了"。

如今来园两年多了，其他幼儿已经具备了自我服务的能力，而且可以跟上集体活动的节奏，但是L各方面发展仍然比同龄人要晚一岁左右。例如，穿衣进餐速度较慢，不能掌握要领。上厕所过于频繁。不能专注地听老师讲话，不愿意和老师对视。

L生活自理能力差的很大原因是家庭的溺爱。比如说，假期开学后L吃饭方面通常会一下子退回到刚刚入园的状态。原因是假期在家里吃得特别慢，而且挑食，只吃自己喜欢吃的。姥姥、妈妈也没特意培养他的饮食习惯。

L同其他小朋友互动较少。同伴交往中盲目跟从，没有语言表达，只是被动地跟随，重复别人的活动线路。只有一个好朋友，两人个性和行为模式都很像，在自由活动的时候会在一起玩，但是在过程中两人基本没有语言交流，就是坐着。当老师邀请爱说开朗的孩子陪着L玩时，大多时间L只是开心地看着别人玩自己的玩具，却不知道该如何参与，最多也只是跟着玩一会儿。此外，在集体活动时，每次老师发出指令后L都无动于衷，即使老师说："L，你去……"他也仿佛听不到似的，一定要走到他面前加以强调才会有所反应。在集体活动中容易沉浸在自己的世界中，不关注外部环境和自己之间的交流。

L的智力和同龄人比没有问题，记忆力甚至比同龄人更好，但是在动作发展方面，特别是在精细动作（例如用筷子、捏、撕等动作）上，还有平衡能力以及身体的协调性在班级中属于比较落后的。语言能力上，如果是关于记忆的任务基本可以胜任，但是在语言的组织和表达上，就要逊色一些。

● 专家建议

虽然L的问题部分源自祖辈的溺爱，但从他的整体行为表现判断的话，不排除L在认知和社会能力发展上存在着一定的迟滞，建议L父母密切关注孩子的发展情况，有必要时需要对孩子进行一定的心理诊疗。建议家长参考阅读本书第一编中的第三章，针对孩子的心理发展规律采取相应的对策。

案例4：包办式的宠爱

B，男孩，5岁，中途转入幼儿园。不太爱笑，总是板着脸，性格内向，衣服着装朴素普通。爸爸为大学老师，妈妈在研究所工作。1岁多的时候跟着爸爸妈妈曾出国一段时间，回国后由妈妈和外婆照顾。妈妈白天上班，B就由外婆带着，所以B对外婆很依赖。

由于爸爸在国外学习，B的妈妈平时比较繁忙，工作压力也大，经常表现出很焦虑的精神状态。平时由外婆进行接送和照顾，老年人对外孙比较宠爱，什么事情都帮忙包办，衣服帮他穿，书包帮忙整理，玩具帮忙拿，遇到刮风和下雨就不来幼儿园。

问题行为：自理能力差，不合群。

B虽然在同龄幼儿中月份较大，但是各方面能力的发展十分稚嫩，例如幼儿园的一日常规活动：如何洗手、如何进餐、如何自己换衣服、自己整理玩具、自己穿脱衣服……对B来说都比较困难，甚至连顺序都搞不清楚，能力和其他幼儿比较起来差距明显。在运动方面，平衡能力、跑跳能力、动作协调性也非常不够，很多运动项目都不能独立完成。学习积极性不高，上课时精神很不集中，需要老师不断提醒和帮助。

社交方面，在幼儿园里，B性格内向，十分不合群，总是一个人玩，也没有和同伴交往的勇气，连小朋友的名字都不愿意记住。再加上是新转来的，跟其他小朋友不熟悉，所以他不太主动跟别的幼儿讲话，但是在家长的教导下，他会主动跟老师打招呼。过了一段时间，发现他有了很喜欢的小朋友，见到小朋友他会很开心，但是他打招呼的方式是直接过去抱着别人，这让被喜欢的幼儿觉得很不舒服，所以也不太喜欢跟B玩。类似这种事情发生过很多次，与家长沟通时，家长也发现过类似事情。

在智力方面，和同龄幼儿差不多，由于父母陪伴少，平时由外婆带，很少给他读书，所以他的表达能力一般，不太爱讲话，老师上课提问也不太爱回答。

专家建议

一方面家长要逐渐放手，让B学着独立做一些力所能及的事情，一方面要有意识地培养B的社交技能。建议家长重点参考第一编中第三章的第一部分。

案例5：祖辈轮流照顾中的过分迁就

M，男孩。M身体看起来较强壮，皮肤比较黑，头总是略歪向左边，身上的衣服还算干净整洁，妈妈担心孩子怕冷，给孩子平常穿的衣服比较多。

母亲是中学老师，父亲是工程师，工作较忙。周一至周五跟妈妈在学校附近居住，爷爷奶奶或者外公外婆过来帮忙，周末和妈妈一起回郊区家里。日常生活主要由父母和祖辈共同照料。来上幼儿园前未上过托儿所，一直都是爷爷奶奶和外公外婆轮流照顾。

家人都比较宠爱M，要什么给什么，衣来伸手饭来张口。妈妈的性格较强势，在家庭教育中占主导地位，其他人担任辅助角色，妈妈与长辈之间并未有明显冲突。但是，由于有老人参与，包办代替严重。例如吃饭问题，不喜欢吃的就不吃，穿衣穿鞋全是老人动手，养成孩子比较挑食，自己的衣服鞋子都不会穿。另外，家长对M的日常行为习惯以及不与同伴交流方面的问题并不在意。

问题行为：语言表达差，自理能力差，运动能力差。

不参与同伴间及老师组织的集体活动。老师鼓励引导后M能够安静地在一旁欣赏别人的表演，还不时离开座位到处看看，似乎多有意思的活动都吸引不了他。

语言表达能力较弱。老师们问话时，M常常用点头和摇头来代替。当自己有需要时，M会走过去找老师，拽一下老师的衣角，用他的小手指一下他要去的地方，或者用简单的语言来表达自己的想法。户外活动结束后，小朋友们排着队一起回到教室里。老师请所有小朋友都去小便洗手，但M不去，当小朋友都坐到椅子上后，M又跑过来拽老师的衣角，用手指了一下门口的方向，老师说："怎么了，你这样老师不知道你要干什么。"他想了想说："尿尿。"老师又问："谁要小便？"他有点焦急地指了下自己。老师接着说："那请你把这句话说完整好吗？"他急得说了一句"我要小便"。老师点头后他一路小跑冲向盥洗室。与家长沟通后，奶奶说在家里也是这样，担心他尿裤子了没办法就直接抱他去。

在生活方面自理能力较差，自我服务的意识差。例如，小朋友都在自己吃饭，但M往小椅子一坐就一手摸着头，一手托着腮，不愿意自己动手吃饭，常常需要老师帮助。另外随着天气的变化，孩子们穿的衣服越来越多，老师们鼓励小朋友们自己脱外套，遇到困难可以再找老师帮忙。最后小朋友都叠好衣服钻进被窝里，M身上的衣服还一件都没少，老师帮助后让M再次自己尝试，他还是不愿意，嘴里常说"都是奶奶帮我的"。起床穿衣服时，他也常拎着衣服找老师，自己不愿意动手。

运动能力也较差。户外运动游戏时，M总找各种理由休息，如小朋友一起拿器械时，M说手疼不能拿，常常玩一会儿就说自己累了要休息，运动时总是摔跤，四肢的力量及协调性较弱。

根据老师的观察，M所表现出的问题主要是由于家长对幼儿过于宠溺，例如孩子在园不自己吃饭，喂一口吃一口，就是在家里养成的喂养习惯，导致来幼儿园也是如此，生活自理能力较差，家长的包办代替也是造成幼儿语言表达能力弱以及不爱运动的一个主要原因，在家里孩子的一个动作家长都了如指掌，孩子的一个动作仿佛就是一个指令，家长便是行动实施者，因为孩子无须张嘴，就能够得到满足，让孩子养成了不用嘴巴用动作的习惯。

• 专家建议

家长既要重视对M生活自理能力的培养，又要重视M语言表达能力的培养。要增加给孩子讲故事或一起游戏的时间，多同孩子进行语言上的双向沟通。建议家长参考阅读本书第一编的内容。

案例6：祖辈主职照顾下的发展迟滞

C，女生，中班。父亲是大学计算机系教师，经常在外出差，母亲是跨国咨询公司职员，常年在新加坡工作。父母长期不在国内，孩子主要由外祖父母抚养。外婆是一名退休幼儿园教师，外公是退休军人，年纪都在70岁左右。

老人极其溺爱孩子，C从小体弱，是严重的过敏体质，还出现过高温惊厥。老人将所有孩子出现的行为问题全部归结为身体原因。心疼孩子身体不好，放纵其所有行为，管教较少。父亲忙于工作，在国内的时间也很少带孩子，甚至不在一起生活。母亲每个月回国一次，周末陪孩子玩两天。对于孩子出现的诸多问题，父母很关注，甚至带C去医院做了专业的行为问题测试，但忙于工作，心有余而力不足，因此完全期望幼儿园老师能帮助孩子进行改变，几乎没有家园配合。今年年初妈妈又生下了弟弟，弟弟现由妈妈带回新加坡，C依旧和外公外婆生活在上海。

问题行为：挑食，人际交往能力差，自我控制能力弱。

极其挑食。在幼儿园里除了白饭什么也不吃，勉强喂下去立刻就会吐出来。在家外婆只做她爱吃的意大利面和酸奶。其他的营养靠保健药品维持。孩子身体弱，经常感冒发烧去医院，不满5岁就开始掉牙。

人际交往方面解决问题能力弱。在幼儿园经常与其他幼儿发生冲突，抢别人的玩具和椅子。一遇到问题，C下意识地就会进行攻击，甚至会咬人。咬住不会松口，直到有人把她拉开。老师进行一段时间教育后，咬人的情况得到改善，但遇到不合心意之事会习惯性地假哭，大喊大叫企图引起他人同情、妥协，满足自己的要求。

自我控制能力弱。玩区域游戏、看书时几乎每2分钟就要更换。不参与集体活动，在教室里到处走动，随意打断老师的活动。请她回去坐好就号啕大哭或者开始影响旁边的人。户外运动时满操场乱跑，不跟随老师，随意离开老师的视线范围。想去哪里玩就奔向哪里，甚至会自己跑回教室。不理睬老师提出的要求，每当受到惩罚时，就会哭闹，要求回家，要找外婆，不断询问什么时候才能出去玩。

各方面发展水平弱。自理能力差，吃饭时勺子拿不稳，衣服穿不好，袜子找不到伸进去的口。玩好的玩具随意乱丢，从来不会主动整理。绘画水平处于胡乱涂鸦阶段。喜欢音乐，但只能跟着音乐左右摆动，肢体动作不协调。

● 专家建议

C的问题部分源自祖辈的过分保护，但也不排除自身各方面发展迟滞的可能。家长应该密切观察C的发展状况，并寻求专业的心理和行为辅导。此外，C的成长过程也相对缺乏父母的关爱和亲子的互动，建议家长阅读本书第一编的三个章节。

案例7：两代教养观念冲突下的自控能力不足

N，男孩。爸爸是大学老师，妈妈在传媒行业工作，都是高学历的80后年轻父母，在照顾孩子上比较缺乏经验。爸爸工作繁忙，在N上幼儿园之前，妈妈在家全职带他，从小生活起居全部由妈妈承担。N上幼儿园后，妈妈开始上班。外婆或奶奶会轮流过来帮忙。

妈妈和老人间在教育孩子方面态度有冲突。当妈妈指出孩子身上问题时，老人会极度护短，认为孩子还小，现在只要吃好穿暖、玩好就可以了，习惯等大了再慢慢培养。而妈妈认为好习惯应该从小抓起，所以对孩子的要求比较严格，每当孩子没能及时完成妈妈的要求，父母要进行管教时，孩子便会搬来外婆、奶奶当救兵，老人会制止父母的行为，极力维护孩子。导致N犯错后会立刻找老人“求救”，平时对孩子也是有求必应，从未让孩子体会过“等待”，久而久之身上的问题越来越多。

父母对于幼儿在园的表现非常关心，经常与老师交流幼儿的情况，积极配合老师对幼儿的干预和指导。对幼儿学习方面的能力和技巧注重培养，在自己孩子与人交往和性格上的优缺点方面也特别关注。

问题行为：挑食，攻击行为。

N是班级里能力比较弱的幼儿。学本领时经常无法集中注意力，时常游离在大集体之外，很难坐在小椅子上集中精力完成一件事。虽然已经到了大班年龄，心理却依旧十分稚嫩，常常无法控制自己的情绪，遇事就像小宝宝一样大声哭闹，遇到困难不会自己解决，而是习惯乱发脾气。

N比较挑食。午餐时间到了，孩子们都坐在自己的座位上开始进餐，只有N还坐着一边不动。老师提示后才拿起勺子只吃米饭和肉，不吃蔬菜。老师提醒了好几次，他似乎无动于衷。直到其他孩子都陆续吃完了，他的碗里还是只剩下蔬菜。当其他小朋友也提醒他要吃蔬菜时，他却说："哼，我就不吃！""我不跟你们玩了，你们不是我的好朋友。"类似这样表达自己不满情绪的话不仅在进餐过程中常见，而且在游戏的时候也是随口就说。

N是个非常聪明的孩子，上课时总是积极回答问题，语言表达能力也较强。但是N缺乏主动与人沟通的基本技能。在与同伴游戏时，遇到问题一般不会交流，多数情况下是以"暴力"或是大发脾气为主，与上课时能完整表述自己想法的N判若两人。"都是你！"N的声音在原本安静的教室突然大起来，经过询问，原来是昨天他和K在机器人兴趣课堂上因为玩具起了冲突，并把这种冲突带到了幼儿园。"我不跟你我玩了！我再也不跟你玩了！哼！"气呼呼的N，甚至要出手去打K，被其他小朋友制止住。经过老师的调解后，N才平静下来。

● 专家建议

N的问题主要源自家长教育模式的冲突。解决N的行为问题的核心则是家长之间首先在教育原则上保持一致，让N犯错误时找不到保护伞。另外，家长之间的冲突行为也通常会直接导致N在同伴交往中的诸多问题。

案例8：祖辈放任教养模式下的问题行为

Y，男孩，小班。与爷爷、父亲同住，日常的主要教养人为爷爷。Y的母亲是大学教师，自Y出生后不久便常年在国外进修，与孩子相处时间较少，只有偶尔休假回国时一同生活。Y父亲在政府部门任职，平时工作繁忙，据Y本人称，父亲很少陪伴他。平时负责接送和照顾他日常起居的主要是爷爷。爷爷约50岁，文化程度似乎不高，对该幼儿十分关心，但教养方法存在一些较明显的问题。

提供膳食不均衡，只提供淀粉和肉类。由于没有正确引导Y从小尝试进食蔬菜，并且家中每餐只提供淀粉类（米饭、红薯、馒头等）和肉类食物，导致Y至今十分排斥吃蔬菜，在学校也只吃淀粉类和肉类。

不遵守学校规定，不信任老师，未树立尊师重道的良好榜样。在日常接送时，爷爷曾多次违反学校规定，如早晨坚持送幼儿进班（按规定应该在校门口告别），下午带幼儿在操场逗留等。在老师反复提醒后，依然多次明知故犯。甚至当着Y的面驳斥老师，没有根据地质疑老师欺骗他。

行为规范方面疏于管教。Y与爷爷相处时，如果有不恰当的行为，爷爷都会以“管了怕儿子说我”为由加以放任。例如，在家时Y喜欢把大卷手纸扔进马桶里，爷爷从不加以制止，因此在幼儿园中Y也曾在一天中多次将整叠手纸扔进马桶中导致下水管多次堵塞。

包办代替。一些小班幼儿可以自主完成的日常生活动作，如洗手、换外套、叠衣服等，但Y的爷爷都要手把手替他完成。

问题行为：行为控制力差，挑食。

Y平时较为顽皮，规则意识差，共情能力差，挑食偏食等，但主要问题还是行为控制。

自控能力差，言行随心所欲。相较其他幼儿而言，Y根据不同场合要求而表达适当言行的能力比较差。但当被问到哪些行为是被允许或禁止时，Y还是有较为清楚的认知，只是比较难做到。例如，在集中学习活动时，Y经常难以保持安静或坐姿，常常会与周围同学玩闹或离开座位；洗手时喜欢逗留玩水；在离开教室的行进过程中，也常常会离开队伍去摆弄走廊边其他班级的玩具或物品，尤其当其他幼儿违反纪律时，Y会兴奋地去模仿做同样的事。

服从教师的指令困难。相较于同班其他幼儿，该幼儿对教师指令并不十分在意，常常老师需要反复或较为严厉的提醒才会有所反应。例如午睡时，Y没有午睡习惯，即便老师拍、哄也难以入睡，每隔几分钟Y就要起身探头张望，而老师的言语批评对这种情况的改善并没有明显作用。即便老师坐在身边，Y都会频繁地试图起身或发出声音。

运动协调性差。户外活动时，Y对跑、攀爬等较为自由的活动很感兴趣，但对球类等需要技巧的运动，尤其是做操十分排斥。其他幼儿进行这些运动时，他就或坐或站，不参加。

总体而言，该幼儿智力水平正常，甚至在有些活动中优于同龄幼儿的普遍水平。语言能力发展基本达到该年龄段正常水平，但词汇量较少，因此喜欢模仿他人说话。此外，由于规则意识差，该幼儿对话时对因果关系及其他逻辑关系的理解和使用也停留在较低的水平。与其他幼儿交往时，一方面因为性格顽皮而容易吸引其他幼儿与他一起玩；另一方面由于总是不守规矩、喜欢抢夺而很少有幼儿愿意同他交朋友。

专家建议

Y的问题实质是行为缺乏规范。解决的途径也要从抚养人入手，抚养人应该有意识地加强对孩子规范意识的培养。建议家长阅读本书第一篇中第三章的第四部分。

案例9：养育观念冲突下的妥协型教养模式

F，女孩子，中班。圆圆的小脸，个子不是很高，瘦瘦小小的。平时穿的衣服都是自己选的，开心的时候话很多，不高兴的时候就会嘟着小嘴，满眼泪花。爸爸是在读博士后，经常去北京做项目，妈妈从事科研工作，上班单位离家较远，所以关心到孩子的各个方面比较有限。长期照顾孩子的是农村过来的奶奶。

爸爸妈妈平时都忙于工作，奶奶是从农村过来的，一心只要孩子开心，样样事情都是围着孩子转，更多的是从生活上照顾孩子。比如说，早上起床后，F想穿新买的裙子，奶奶说，天气还冷，等过几天，天气热了再穿。这时，还在穿衣服的F立马就哭开了，并且会不依不饶地缠着奶奶。爸爸看到后，就会对F进行教育，但F的脾气会越发越大，甚至会动手打奶奶，而奶奶就会责怪爸爸，不应该批评孩子，就这样，最终F如愿以偿地穿上了新裙子。

此外，爸爸妈妈在对待F哭闹的问题上也常常意见不统一。当F发脾气时往往是妈妈护着、爸爸批评，妈妈还会当着F的面说爸爸不对，不应该批评女儿，而应该好好和女儿讲道理，但当爸爸和女儿讲道理时，F又会捂住耳朵，大叫不要听，爸爸妈妈也就妥协了。最后的结果便是，孩子要什么，父母就满足什么，可谓百依百顺。

问题行为：任性，霸道，哭闹，乱发脾气。

F是班级里面比较娇气的女孩子。平时上课的时候，能跟着老师的思路走，但是举手发言不是很踊跃。

性格比较任性，霸道，爱哭闹，乱发脾气。一旦要求没有得到满足，便会大哭大闹，直至达到目的为止。比如说，在一次班级的角色游戏中，F总是和一起进行游戏的同伴发生争执。原来，F很喜欢做小演员，在小舞台中，既有演员也有售票员，但是当大家都想当演员的时候，别的孩子会用商量的办法来和F沟通，“我们大家轮流做小演员、轮流做售票员吧，这样大家都可以玩了”，但是这样的商量对F来说不起任何作用。当同伴再退一步，对F说：“那好吧，你就做小演员吧，不过你不能一直表演，演员是要轮流表演节目的”，再看这时的F，已经“穿戴整齐”，依然是我行我素，每个节目都要表演，根本不听大家的。如果有强势一点的孩子强硬不给她表演的话，F就会放开嗓门，大哭大闹起来。因此只要有她在小舞台里，这天的游戏肯定是不会顺利开展的。

有段时间，总是有孩子来向老师告状，F又要做大王了，要好多小朋友都听她的命令，然后她指挥这个，指挥那个，还指挥小朋友去打别的孩子，或者指挥小朋友某些地方不能进来，如果有小朋友不听她的话，她就会跟别人大吵大闹，一定要别的小朋友听她的话。

F在班级里要好的朋友不是很多，因为她的任性，使得班上的一些孩子尤其是女孩子不愿意跟她玩，说她娇气，当有小朋友不小心碰到她的时候，她马上就会流下眼泪，并且一定是要告诉老师的。就算小朋友跟她道歉了，她也会不依不饶地说："我不会原谅你的，我不要跟你一起玩了。"就是因为这样，F的朋友越来越少。

专家建议

F的问题主要源自家长之间教养行为的冲突和最终的妥协。改变F的行为模式非常关键的一步便是成人之间要逐渐减少和避免在孩子面前的冲突行为，对F的不良行为适时加以监控，成人之间的步调一致是改善孩子问题行为的重要前提。建议家长阅读本书第一编中第一章和第三章的第四部分。

案例10：有求必应养育模式下的自控问题

X，男孩，幼儿园中班。爸爸是大学教师，妈妈担任银行主管。由于爸爸是搞艺术的，穿着非常时尚，衣服都是名牌。爸爸妈妈工作忙，X一半时间是由老人照看，一半时间是由父母照看。家中老人对孩子非常宠爱，基本是有求必应。

问题行为：规则意识差，行为控制力差。

X在学习活动中很认真，能跟着老师走，发言积极，想象力丰富，语言表达能力较好，可是在活动中总是有插嘴的行为。有时对自己感兴趣的事情会表现得比较兴奋。在运动活动中，游戏的规则意识较差，例如：大家手拉手围成一个圆，X总是大幅度地动，在玩的时候不在意老师的提醒，总是出汗量非常多，家长又给孩子穿很多衣裤，出汗后，孩子不能够了解自己的身体状况，不能及时减少衣物，垫毛巾，导致经常容易感冒。X拍球的时候总是特别急，拍球用力过猛，容易跟着球跑，状态不稳定。在玩平衡板时，走的过程中总是喜欢关注别人在干什么，注意力不集中，走得又快又急，也不看平衡板，导致一直掉下来。孩子有些肥胖，在攀爬的手脚协调上有所欠缺。

在生活活动中，每当如厕环节，X到了盥洗室，经常不小便，不洗手，在盥洗室聊天，和同伴挤来挤去，打打闹闹。老师大声提醒后才会去如厕。吃饭环节，常吃得满桌满地都是。喜欢在吃饭的时候边聊边吃，吃饭习惯较不好。睡觉前后总要和同伴说说话、玩一会儿才穿脱衣裤，躺下后经常把头抬起来，或是自己自娱自乐，手舞足蹈，自言自语。

在休息环节X喜欢在班级中间带着其他孩子，领头乱跑、大笑，做搞笑动作，引发全班大笑，导致班级纪律混乱。坐在椅子上之后总是动来动去，摆弄各种坐姿，继续做各种搞笑的动作。

老师跟他讲道理时，X有时会不尊重老师，有做鬼脸、翻白眼的行为。老师严重批评的时候，总是答应得快，可是改进少。

专家建议

X问题的核心是缺乏行为自控能力。改变的关键便是在日常生活中成人要加强对X不良行为的管控。

案例11：两代人教养观念冲突下的祖辈过度保护

A，男孩，大班。是班上年龄最小的孩子，和班上出生月份最大的孩子相差近一年，体形也比较瘦小。

A的父亲是某公司经理，母亲是大学行政老师。父母日常工作比较繁忙，对他的照顾与关心也相对较少。平时都是由外婆或奶奶带，外婆是事业单位退休人员，奶奶是典型的农村老人，文化水平不高。

隔代教育难免包办一切，孩子不吃饭就喂，不会穿裤子就帮着提，虽有渐渐要求孩子自己做，当孩子说不会，要求家长帮忙时还是会代替孩子去做。爸爸妈妈工作忙，顾不上孩子生活中的一些习惯培养，虽然有意识到应该注重孩子独立生活能力的培养，然而在和老人的沟通过程中总有些冲突，比如妈妈对外婆说不要总喂饭，让孩子自己吃，可老人比较溺爱孩子，孩子边看电视边吃饭，老人就在一旁喂饭。爸爸对奶奶说，不要给孩子穿太多，孩子在幼儿园运动活动不方便，而且幼儿园冬天教室开着暖气，可奶奶总怕孩子冻着，每到冬天，奶奶就把孩子裹得里三层外三层的，一件羽绒衣外面再套一件大棉袄。

问题行为：自理能力差，自控力差。

A生性好动，自理能力较差，且自尊心强，不爱被批评，易发脾气，骂人打人。在集体教学活动中，A的注意力很难集中，是个“坐不住”的孩子，常会在集体活动时跑去玩玩具或玩自己的衣裤等。有时还会打扰到旁边的小朋友参与集体教学活动。

在生活方面，A常不能独立完成一系列事情，不能独立进餐、大小便、洗手、喝水、提裤子、穿鞋等事项，同时没有收拾、归置玩具等物品的习惯。

有时当老师阻止A做某事时，A会拍打老师，用一些不礼貌的语言表达他的不满。有一天早上，A第一个到幼儿园，先找到自己的位子坐下，王老师弯腰捡东西，抬头时撞到了桌角，A居然笑嘻嘻地说出“活该”两字。老师告诉他碰到这种情况这样说是不礼貌的，是不对的；而他就是不认同，同时反复说“活该”，还推搡老师，让老师出去。

老师认为，对A这样一个自尊心强的孩子，如果一味地采取责骂、孤立的方式只会产生消极影响，而是应该帮助他建立秩序感和规则意识，并反复耐心强调与提醒，告诉他什么是对的什么是错的，并给出能令他信服的正确或者错误的理由，让他心甘情愿地慢慢建立秩序感和规则意识，也可以在同伴中给他树立榜样，鼓励他向别人学习，并鼓励班中的其他孩子来帮助他改正。经过一段时间的引导和帮助，A有了明显的进步，最大的进步在于会主动跟小朋友和老师问好；会说“谢谢”“对不起”等礼貌用语。同时，虽然和本班其他幼儿来说，A的自理能力还是相对比较弱，但就纵向比较，A比起刚入园那会儿，已经有了很显著的进步，能够自己卷袖子洗手；能够自己小便，提裤子；愿意自己动手吃饭，并在鼓励下不挑食全部吃完；愿意穿脱衣裤鞋袜、折衣裤。

专家建议

一方面，家长要有意识放手以培养A的生活自理能力；另一方面要重视日常生活中对A不当行为的监管；最后，成人要避免在A面前因为教育问题而出现争执和冲突。建议家长阅读本书第一篇的三个章节。

案例12：冲突型养育模式下的发展问题

S，5岁，是个有点胖胖的小男孩儿，看起来憨厚老实。爸爸是工程师，工作比较忙，经常出差在外，与孩子交流沟通的时间较少。妈妈是医生，工作时间比较稳定，对孩子的教育理念也较为成熟，但下班时间较晚，陪伴时间也相对较少。爷爷和奶奶离婚，不在一起生活。S读中班时主要是爷爷负责接送，念大班后换成奶奶负责接送。

父亲对S的要求比较严厉，属于专制型。例如，在S做数学加法计算时，S如果不会，爸爸会说："你怎么连这个都不会？"有时甚至会动手打S。爷爷看起来温文尔雅，对老师也很客气礼貌，对S说话也很温和。奶奶较为强势，在与妈妈教育观念相冲突时会出现争吵，甚至粗暴对待幼儿，经常会讲出一些较为粗鲁的话语如 "你怎么这么笨啊"等。比如妈妈喜欢对S拥抱表示喜欢，S也会在幼儿园对喜欢的人拥抱，但是奶奶觉得拥抱是小姑娘做的事情，不允许妈妈拥抱幼儿，妈妈与奶奶的谈话经常以吵架结束，奶奶甚至在来幼儿园接S时提示教师不要拥抱幼儿，老师与奶奶进行沟通，表示正常的拥抱可以使幼儿产生安全感和信任，但是也没办法改变奶奶的想法。在奶奶搬来与他们同住前，爸爸基本不太关注幼儿教育问题，但奶奶搬进家庭同住后，爸爸在教育理念上逐渐与奶奶一致，并出现较为简单粗暴的教育方式。在与家长的沟通中，妈妈很愿意面对幼儿的情况，对他的弱点和问题也比较重视，但是妈妈内心比较敏感，容易焦虑，无形中给孩子的情绪造成了一定负担。

问题行为：情绪压抑，发展迟滞。

S是中班时转过来的，之前在一所私立幼儿园就读，与其母亲沟通后知道在原来的幼儿园老师对S态度非常不好，经常在全班幼儿面前对S表现出言语和态度上的冷漠，幼儿一度性格内敛。S发育有些迟缓，刚来园的时候两周还是不怎么认识老师。语言能力较弱，讲问题时不能表达清楚，在交谈中也有一句没一句、东一句西一句地乱说。

S吃饭拖拉，吃的时候看着窗外开小差，饭粒掉得地上、桌上到处都是，衣服上也都是汤汁。上课的时候容易被外界打扰，不关注老师讲的话。但是S对老师的表扬还是很在意的，老师在上课前都先去鼓励他，用他想得到老师表扬的情绪牵制他的注意力，S表现好时老师会及时对他进行表扬鼓励。

有一段时间，S在画画的过程中会突然说："我画得不好！"并开始撕烂画纸。后来得知是在家中奶奶对待S的方式比较粗暴，对S表现出的兴趣并不欣赏，甚至觉得无用。例如S喜欢看科学类的书籍，喜欢画消防栓、大笨钟，可是奶奶觉得这些都没用，是浪费时间，经常在S画好之后说："你画的是什么乱七八糟的东西啊？"还撕扯S的画。

奶奶的专制还表现在对妈妈带孩子参加课外班比较反对，认为浪费钱，所以一直不愿意，而妈妈出于对长辈的尊重，基本处于隐忍的方式，但是内心比较煎熬，家庭矛盾逐渐升级。同时S在幼儿园还不时会念叨"我不开心"，但是当老师问他，"为什么不开心？"他又说不出来，情绪一直处于压抑状态。最后妈妈决定为了S的发展减少奶奶与S的接触，但是，爷爷由于某些原因不愿意继续帮助接送S，妈妈无奈只好请自己的父母进行照顾。此后，S的情况得以缓解，嘴里说"不开心"的情况也减少了很多。

● 专家建议

S身上表现出来的问题的从本质而言源自家庭。家庭里成人之间紧张、专横的交往气氛直接导致了S的诸多心理和行为问题。从表现判断，S很有可能属于回避型依恋。要从根本上改进S的问题首先要从家庭气氛的改变开始。而承认也应该掌握与孩子沟通的有效方式；避免使用粗暴和专制的语言，让孩子遭受"语言的暴力"。

第二章
父母不当教养方式导致的问题行为

孩子的很多行为问题其实都是源自家庭教养模式。理想的家庭教养模式，应该是在一个充满关爱的家庭氛围下，给孩子设置明确的行为标准，即所谓的关爱与控制相结合，松弛有度的民主型教养模式。以下几个案例很好地展示了不良家庭教养模式所导致的儿童问题行为。

正如大量心理学研究所指出的，粗暴专制的家庭教养模式，会导致儿童更多的攻击行为，同时也引发了儿童的内化行为问题（如焦虑、抑郁、不自信等）。

放任纵容型的养育模式，与孩子的霸道和冲动行为关系密切；过度保护的家庭养育环境，会导致孩子社交行为的退缩和胆怯。对于儿童此类问题的矫正，首先要从父母教养模式的改变入手，如同本章案例1中H的攻击行为，当妈妈能够正视孩子及自身的问题，并对自身行为加以调整改变后，孩子的行为表现也能有明显好转。

案例1：严厉教养模式下的攻击行为

H，中班，是一个长相比较帅气的小男生，在穿着方面妈妈比较关注，虽然H很调皮容易弄脏衣服裤子，但还是换得比较勤快。

爸爸是大学老师，妈妈工作比较忙，天天早出晚归，家中没有祖辈帮忙照顾。H的照顾全由父母独立完成，大部分时间是爸爸一手照顾，但父亲照顾孩子的方式还是比较粗糙。

在没有进入幼儿园之前，H在美国生活和长大。所以家庭比较崇尚西方的教育理念，让孩子更自由地成长。

虽然平时工作比较忙，但妈妈会尽最大努力陪伴孩子。妈妈个性温和，对孩子的教养还是比较民主，会指出H做得不够的地方并帮助其一起改正，但是指正的方式也比较婉转、温柔。爸爸是个严厉的人，对照顾孩子也显得比较无奈，对孩子的态度比较简单粗暴强硬，做得好，表扬，但做得稍有不好，就马上勒令孩子回小房间反省，甚至马上出手相向。

老师会在放学时和H的爸爸沟通H在幼儿园的一些行为问题，但是他爸爸的态度很不屑，只是当场提醒H以后不能这样子，多次之后，连提醒的话语也没有了，只是当场附和老师说的都是对的。后来老师直接联系H的妈妈谈论H的事情，妈妈表示会重视这些问题，回家和H谈谈，之后的几个星期，H的行为明显有了好转。但是妈妈毕竟工作很忙，陪伴H更多的依旧是爸爸。

问题行为：调皮，攻击行为。

H性格有些内向，是一个很懂爱、内心充满爱的孩子，知识面很广，也具有探索的精神。但是他也非常调皮，常常伴有攻击性行为。

刚进入集体生活，H就显得很是凶悍，对于自己想要的东西，他会通过各种掠夺的方式进行争取，

直到到手为止。刚开始时他只是抢，随着年龄增长，同龄人学会了保护自己的东西，他掠夺的行为逐渐升级，为了拿到想要的物品，他开始出手伤人。有时是用手抓脸，有时是动手打人，各种攻击性行为也就多了起来。

H有时并不是想要得到某种东西，而是想达到某种效果。例如，有时走楼梯，他也会经常推前面的孩子，直到孩子告诉老师。但是老师教育之后，他的行为并没有真正收敛，而是更加具有隐蔽性。有时甚至在老师指出他的错误行为后，他就一个人躲进厕所，不再出来。

H不时还会做出一些危险的行为。比如在集体活动时，他曾带领几个比较单纯的孩子直接离开老师的视线，去另一个地方进行所谓的探险，差点出意外事故。

● 专家建议

H的问题属于行为缺乏必要规范的类型。虽然爸爸崇尚西方的教育理念，但开放式的教养模式并不等同于对孩子行为的过分放任和纵容。成人应该适当加强对H行为问题的监管力度。

案例2：纵容和体罚式的家庭教育

Z，男孩。父亲是大学行政人员，母亲在医院工作。Z的个子矮矮小小，三角形的小脸上一双小小的眼睛总是咕噜噜地转，仿佛要看穿这个世界。Z在上幼儿园之前，一直住在老家由爷爷奶奶照顾，爷爷奶奶全以迁就为主，只要孩子不哭，就一切都好！所以孩子一点规矩都没有。

Z的父母都忙于工作。妈妈每天早出晚归。Z出生时父亲年龄已较大，将其视作掌上明珠，教育方式自主且随意。老师向孩子父亲交流Z在幼儿园犯错误的情况，父亲就会找很多理由为Z开脱。当孩子在家里犯错的时候，爸爸一开始会进行教育，但是没说几句话，爸爸就会动手，这时妈妈就会出来护着孩子。而当孩子犯错，妈妈进行教育的时候，Z根本不听妈妈的，还会动手打妈妈，妈妈就会放弃教育了。而当家长实在无法忍耐时，就进行“顺着”，不采取任何方式。

问题行为：行为自控能力差，攻击行为突出。

Z性格活泼好动、任性、自控能力差、规则意识差、攻击性强、午觉很难入睡。平时和同伴不能友好相处，在和同伴交往的过程中，很少用语言交流，遇到有矛盾出现时，Z说得最多的就是“不要”“我不要”，几句话没说完，他的拳头就往同伴身上打去了，直接就用动手来解决问题。缺乏用语言和同伴沟通的能力。只知道用拳头来解决问题。

当老师和Z讲道理时，他要么大哭大闹，要么就是置之不理，甚至会向老师动手。老师在幼儿园的各种日常活动中经常看到Z的这些表现。

举个例子，一天在早上吃点心的时候，老师把装有小饼干的盘子放到桌子中间，Z一手拿着水杯，一手快速拉过盘子，用手飞快地抓了一把饼干，边吃边玩，非常高兴。当他快速吃完自己手上的饼干后，一看，饼干盘里还有两块动物小饼干，于是，毫不犹豫地一把抢过盘子，护在自己的胳膊下，开始慢慢享用。这时，有小朋友伸手过来想拿饼干，只见Z一把抓住小朋友的手，不允许同伴拿饼干吃，被抓的小朋友不肯松手，于是两人就扭打了起来。

另外一个例子。下楼做操的时候需要排队去到操场，当老师说：“大家过来排队，我们准备去操场了！”，这时，动作快的小朋友很快就站到了排头，这时的Z还在玩手上的玩具，在老师的一再提醒下，才很不情愿地把小椅子放到桌子下面。所以等他过来排队时已经排到很后面了。只见Z用足力气猛冲上去，硬是挤到了排头，想把排头的幼儿挤掉，别人不愿意，这时的Z就开始动粗了，一手抓住排头幼儿的衣服，一手用力往后推挤，硬是抢到第一的位置。当老师发现并制止Z的行为时，Z却顺手抓起旁边的一把椅子，用力朝老师砸去。

● 专家建议

Z的问题是自控力差，缺乏规则意识，攻击行为突出。对此问题的解决有赖于家长在日常生活中培养孩子的规则意识，加强对孩子不当行为的管教力度，并且要尽量避免在Z面前表现出家长之间在管教态度上的分歧。建议家长阅读本书第一编的第一章和第三章。

案例3：放任教养下的自控问题

A，6岁半，爸爸是大学教授，平时工作比较繁忙，但上下班时间较规律，负责接送孩子。母亲是文化记者，经常在外面跑，虽然工作时间自由，但熬夜时间较多，所以没有太多时间陪伴孩子。家中做饭家务等生活方面由保姆来照顾。每年外婆也会来小住几天，但不超过一个月。A在上幼儿园之前，是在民办幼儿园的托班就读。

A的父亲年纪略大，个性温和，对A的管教方式比较自由。母亲对A的陪伴比较少，有时候周末会带着孩子一起去工作，由于难得有时间陪孩子，也基于补偿的心理，母亲不太会对孩子的错误行为进行管教，主要还是以放任为主。可能也是由于妈妈陪伴少又纵容他的原因，在家里A和妈妈比较亲近。

问题行为：自制力差。

A最感兴趣的事情是磁悬浮列车和火箭发射，沉迷于做宇航员的梦想中，对用乐高玩具搭发射塔相当入迷，可以玩一两个小时。他的智力属于同龄幼儿里偏中等的，语言表达能力也属于中等，激动的时候容易口吃，但是基本内容可以表述清楚，亢奋的时候逻辑思维略有些混乱，不过这也符合幼儿的年龄特点。在人际交往上，主要问题还是体现在情绪控制，无法将负面情绪化解，容易和幼儿产生冲突。

A性格活泼好动，但是自制能力较差，规则意识不强，个性急躁。只要有等待的时间他就无法忍受，上课时间会自由发言，抢别人的话。游戏时间比较容易和其他幼儿发生肢体冲突，且情绪不容易控制，特别是人多或者游戏活动等气氛下容易兴奋，难以平静。据老师了解，A在家也会有情绪亢奋的情况发生，但大多时候父母觉得孩子调皮，无伤大雅。即使是在公共场合，妈妈也是默认这样的情况发生，并不阻止，表现频率也较多。

A规则意识非常弱，在教室里随意走动，上课时间随意发言，随意拿出玩具等。很多时候他自己知道这样做不对，但他还是很难控制自己。

在一日活动中，有老师在时A还是相对能比较克制自己的情绪，但是到了离园时间，一看到那么多家长，还有他父亲来的时候，他就会开始极度兴奋，有时候老师提醒也没有用。而且老师发现，越是注意的人多，他越开心。A易兴奋的状态还表现在音乐或者体育活动中。特别在音乐游戏中，常常会出现哗众取宠的状态，以各种丑态博取其他幼儿发笑，虽然老师制止后会有短时间的好转，但是过后又会反复。过度的批评也对他没有好的教育效果，通常老师还是采取鼓励的方式对待他，可惜收效甚微。

在和同伴交往中，A和同伴冲突比较多，一般表现为A不愿意分享玩具，或者A缠着其他幼儿迫使他人与他分享玩具。每次他的意愿都会表现得较为突出，引起其他幼儿的不满，与个别个性强的幼儿还发生肢体冲突。在解决冲突的时候，老师一般还是采取帮助A克制情绪的方式，事后再与A进行沟通。但是每次沟通时，A还是比较自我，老师的沟通也较难与他达成百分百的共识。

● 专家建议

A容易兴奋、自制力差的原因之一可能是他神经系统发育的相对不成熟，但同伴交往中的冲突行为则是人际交往技能的相对欠缺，家长应该重视培养孩子的同伴交往能力，多给A提供同伴间交往的机会和场所，并辅以行为指导。

案例4：放任无规范的教养模式下孩子的品行问题

Y，女孩，4岁，小班。父母都在大学工作，相较其他幼儿，Y与父母相处时间比较长。平时由父母负责接送，与父母的关系较为亲昵。外婆也参与照料Y。

相处时父母通常会向Y投入相当多的关注，有很多言语交流和亲密动作。父母对Y在幼儿园的各方面表现也十分关心，经常主动询问老师并咨询老师意见。不过在教育行为上还存在以下问题。

交流时采用成人式的语言。母亲和外婆与Y交流时，不论交流内容还是说话的语气句式，一直是和大人怎么说话就和Y怎么说，并没有根据孩子的年龄特点而选择合适的语言。这样使得Y有比较丰富的词汇量，说话的逻辑水平也比一般幼儿更成熟。但是，由于这些知识主要来自成人的灌输，而不是自己的独立探索，因此Y对许多问题其实一知半解，对自己的错误行为也无法真正理解。

行为规范不明晰，过于宽松。父母与Y相处时，对她的行为标准比较宽松，即便是一些明显不恰当的行为，父母有时也视若无睹，不加以指正。例如，Y曾在放学时趁老师不注意把植物角的一瓶小蝌蚪擅自带回家中，接她放学的父母既没有制止，也没有联系询问老师，而是容忍、配合了Y的这种行为。

体罚。由于缺少有效的方法来规范Y的行为举止，在Y父母与女儿的矛盾积累到一定程度时，他们有时会选择体罚等方式来进行惩戒，最严重的有扇耳光、关到门外等。

问题行为：纪律规范意识差。

由于在成长过程中Y被过早地放在和成年人同等的地位，在生活上又缺少约束，导致她在与成年人，例如像老师这样象征了权威的社会角色交往时，心理上出现了多重矛盾。这些矛盾大致可以概括为：过度依恋成人，自尊心强但不自信，于是她不断通过刻意违反纪律来确保成人对她的关注。

不能正确面对自己的出格行为，不接受批评。当老师就Y一些违反基本常规的行为进行批评时，她很排斥口头承认错误，言语上也会不断驳斥老师的批评，比如为自己的行为寻找理由、将犯错归因于其他同学、转移话题等。有时还伴随夸张的排斥的身体语言，如翻白眼、捂耳朵、身体扭向旁边等。但是，根据老师的观察，未见Y同父母间亲子关系对立，父母对Y也确实十分关爱。造成Y这种行为的主要原因很可能源于她父母都是理工科出身，缺乏基本的育儿方法与原则。幼儿忤逆父母意愿或违反规则时，父母双方往往不以为然或束手无策，任由女儿为所欲为，只有对女儿的不满积累到一定程度后才会爆发，进而体罚。因此该幼儿每次犯错时，只要成人的批评不到非常严厉的程度，该幼儿都不以为然。

有能力遵守行为规范，但有意违反。在一些情境下，比如试图成为别人的榜样或刚受到严肃的批评后，Y能出色地按照要求来完成各项活动，有时能维持至几个小时甚至半天。但在其他时候，Y常常会故意做出违反纪律的行为。而且在她做出格行为时，能明显观察到她试图吸引老师注意力的意图。比如午睡时，通常其他幼儿会独立完成准备工作上床睡觉，而她则每天都要故意拖拉。躺下后，如果老师陪伴，她可以立即入睡，否则，她就会在床上做大幅度动作，甚至滚到床下，直到老师给予她反馈。在整个过程中可以看到她在不断观察老师的反应，在老师批评后她常常会夸张地回应，如同在和老师做游戏一样。

较难激励。Y每次做出一些违反纪律的行为，老师试图帮助她及时改正时，鼓励、树榜样、讲道理或程度较轻的批评等激励方法的效果通常不太显著。往往要等到老师严厉地批评后，Y才会平静下来，有所收敛。

需要与老师进行大量言语交流。不论在游戏、教学活动、运动还是其他的时候，Y都会不问老师同意与否而自顾自地发表个人意见。

对创造性的活动缺乏自信。在进行绘画时，Y能出色地完成涂色，但做添画时却常常说“我不会画”“我肯定画不好”，并且踌躇着不愿动笔。父母对孩子没有过高期望，除了灌输给她知识和带去上兴趣班外，对Y各方面的能力发展并没有具体要求和规划。

● 专家建议

Y身上表现出的问题主要集中在品行方面。从心理学角度来看，幼儿品行方面的问题主要源自家庭氛围和成人管教模式。从案例介绍中可以看出Y的父母对孩子心理需求关注较少，采取的管教模式也比较简单粗暴，这些都在一定程度助长了Y的品行问题。儿童问题的解决也在很大程度上有赖于成人自身的改变。

案例5：放任型教养模式导致的攻击行为

C，男孩，典型的“10后”孩子，父母均为“80后”高学历新上海人，家庭经济情况属于中等水平。父亲在一家公司就职，母亲在高校附属学校任职，外公外婆、爷爷奶奶在外地生活，经常轮流到上海来帮父母接送照顾孩子。

日常接送孩子的外婆喜欢打扮，很显年轻，性格直爽，说话交流声音也很响亮，每次接孩子总是排在家长大军的前列，但有时对小事会斤斤计较。奶奶比外婆显得端庄，对孩子也有意识地引导使用礼貌用语，经常主动与老师问询孩子在园情况等。父母虽然工作也比较忙碌，但孩子进入大班后，尽量也自己接送照顾孩子，避免老人照顾孩子的一些弊端。

不过通过观察，还是可以看出父母教育的一些问题。首先，对孩子的错误行为不能及时制止。C精力旺盛，非常好动，经常和同学发生肢体冲突。比如，一次放学后，小朋友一起在操场上玩，C和班上一个男生开始扭打起来，从操场一边撕扯到另一边，另一个孩子的妈妈刚好不在，C的妈妈站在一旁没有任何行动，甚至看着孩子微微笑。后来，旁边一位妈妈实在看不过去，跑过去制止两个孩子才停止打斗。还有一次班级组织秋游，C跑到一棵开满桂花的小树旁，猛力摇晃，C的妈妈半天才慢慢地走过去，轻声地说：“不可以这样摇树”。C又猛摇几下才松手。

问题行为：自控力差，攻击行为。

C思维比较活跃，但耐心不足，与同伴交往中比较自我。自由活动时，孩子们会分享自己带来的玩具，C书包里常常会带一些打斗类、攻击类的玩具，喜欢与同伴做一些打斗的动作。但一旦看到比自己更新鲜的玩具时，不论同伴同意与否他都会一直请求同伴给他玩，如果同伴不同意，他也会跟着小朋友直到能玩到为止，当然，他感兴趣的玩具也是一些打斗类、攻击类的玩具。

一次，老师带小朋友在室内大活动室运动，室内有各种运动器械如车子、海洋球、小滑梯等，男孩X在骑小车的时候从C旁经过，碰到了C的脚，

C大叫一声，X看到C大叫，连忙说："对不起，我不是故意的!"老师也看了一下C的脚趾，没有受伤痕迹，也能活动自如，告诉C："你的脚应该没有问题，遇到车子要躲开，X不是故意的，你能原谅他吗？"C嘟着嘴巴，说："好吧。"老师转身又关照X："车子开到小朋友旁边要慢一些，注意行人哦！"X点了点头，老师又问C："你需要休息吗？"C摇了摇头说"不需要"。于是，孩子们又开始玩了。但刚过了两三分钟，老师远远看到C在紧跟着X追跑，还来不及阻止，只见C用手打向X的后背。X哭着跑向老师："C刚才就开始追我，我躲也躲不过。"老师问C："为什么要动手打X？"C皱着眉头说："他刚才碰到我的脚很痛！"老师："刚才已经帮你查看过了，没有问题的，X也向你道歉了，你为什么要追X呢？"C哼了一声，嘟起嘴巴说："可是我的脚很痛呢！"老师说："X骑车碰到你的脚是个意外，当时X和你解释也道歉过，可你动手打X却是故意的，这样是不对的！"

● 专家建议

C属于精力旺盛、性格外向的孩子，这类孩子在家长疏于管教时很容易表现出攻击倾向。成人应该在日常生活中加强对C攻击和冲动行为的管教力度，另外，在祖辈参与抚养的模式下，成人之间也要尽量避免在C面前表现出管教观念的冲突。

案例6：纵容型教养氛围下的情绪控制和交往问题

S，男孩，中班。爸爸在大学图书馆工作。妈妈在读博士后。主要由爸爸妈妈照顾，祖辈很少参与。

爸爸妈妈虽然对S有一定要求，却总是纵容S做错一些事情。有教育孩子的观念，却缺少相应有效的教育方法。看到S做错了事情，妈妈只是在一边说"你不能这样子，这样是不对的"，但并没有告诉S什么是对的，应该怎么做。爸爸对妈妈言听计从，不常参与对S的教育，对于S的不当行为，爸爸表现得更为平淡。爸爸妈妈这种全包容的态度导致S在家中经常发脾气，甚至有时候在地上生气打滚。

妈妈在家中对S的哭闹还是能够严厉批评，但是在外面对S的哭闹和发脾气并没有加以制止，只是等S自己结束哭闹。这种不一致的教育方式助长了S的乱发脾气行为。

问题行为：乱发脾气，不合群。

经常发脾气，不高兴时通过大吵大闹来表达情绪。家长开放日活动，S看到妈妈来参加活动特别开心，一直拉着妈妈的手跑来跑去，好几次妈妈让S去玩游戏，他也不理睬妈妈。在学习活动时，S又坐不住了，一个人跑到地上坐着，也不管老师在讲什么，沉浸在自己的世界里，还发出吵吵闹闹的声音。妈妈看到这一幕只是请S回到自己的椅子上坐下来，劝说了三四次，S都没有理会妈妈，妈妈想伸手去拉S坐到椅子上，S马上和妈妈吵了起来，妈妈看到S并不理睬自己就坐在一旁任由S去吵闹。事实上，S只要看到爸爸妈妈马上就变得脾气很暴躁，还乱摔东西，爸爸妈妈对S一直是劝说，但是看到S一直发脾气就放弃了。在操作材料的时候别的小朋友过来帮助操作，S马上就不开心了，拿起别的小朋友的作品就扔到了地上。

在幼儿园里S很少回答问题，很少同别人一起游戏，也没有固定朋友，基本上是独来独往，高兴的时候则是自己一个人在教室里面转圈。比如，早上S第一个到幼儿园，老师让他去做游戏，他不肯去，只想坐在座位上看书。很快，其他小朋友也陆陆续续进来，开开心心地去做游戏了，但是S还是不肯和其他小朋友一起游戏，只是一个人坐在椅子上。别的小朋友来请他一起游戏，S马上就发起了脾气，声音变得很大，推开了其他小朋友，还说“不要你管我！你走开！”等。

● 专家建议

家长应注意提高在不同场合对S行为管教的一致性。另外，还要注意培养S的同伴交往能力。

案例7：父母过分溺爱下的内向敏感行为

Q，男孩，中班。爸爸妈妈都是大学老师，主要由爸爸妈妈照顾。在幼儿园小班的时候，由于爸爸妈妈工作时间较忙，加上孩子是第一次进幼儿园，外婆经常过来帮忙。但第二个学期开始就又由爸爸妈妈独立照料。由于妈妈工作单位比较远，经常是爸爸来接送孩子。

爸爸对Q比较溺爱，基本上有求必应，而且教育孩子时态度比较软弱。每次送Q到幼儿园门口时还要再说几句话，有的时候孩子已经进去了，爸爸还是不放心要回头来看看，导致幼儿情绪经常反复，时好时坏。

妈妈不经常到班级里面来，但是对Q的态度也是比较宽容和温和，在家中帮Q把一切事情都做好，不需要孩子自己动手，包办现象比较严重。爸爸妈妈以鼓励和表扬为主，对Q的行为不加以干涉，态度过于宽松。

问题行为：内向敏感。

孩子性格比较内向敏感，在别人不关注的时候他才能够比较自由轻松地游戏，一旦受到大家的关注他就比较不自然，不能很好地游戏和学习。

比如，早上来幼儿园后，Q在教室里面东看看西看看一直没有找到想要玩的地方，其他小朋友说："你做爸爸吧，我来做哥哥，一起玩过家家怎么样？"Q也不回应，就默默地走开了。过了一会儿爸爸来帮Q放书包，在门口看到爸爸后Q就开始哭了，一直紧紧抓住爸爸的手不让爸爸走，吵着要回家，不上幼儿园了。爸爸说："不上幼儿园不行的，爸爸上班要迟到了。"等，但是并没有起到安慰Q的作用。老师拉住Q，请爸爸快点去上班。Q这才肯进教室，但是情绪明显不好，一个人坐在椅子上不肯去做游戏了。

后来，Q终于有了一个好朋友，两个人每天一起上学放学，关系变得很融洽、很亲近。一天两个人正在玩自己的玩具，这时，桌子旁边又来了一个好朋友，Q马上就一个人搬着椅子坐到自己的位子上去了，好朋友看到Q一个人走了，马上就搬着椅子跟了过去，Q发现没有人在旁边，两个人又一起去做游戏了。可是，教室里面不乏小朋友在跑来跑去，会路过Q旁边，每次有小朋友走过身边他都会仔细观察一下，发现人家走过去了再进行游戏。

专家建议

Q的气质类型倾向于抑郁质，内向而敏感，情绪不稳定。对于此类孩子，成人在生活中应该给予更多的鼓励和关爱，让Q有更高的安全感去适应外部世界。

案例8：教育理念不当，过分保护孩子

G，男孩，中班。爸爸在金融业任职，妈妈在读博士后。爸爸工作忙，很少陪伴孩子。平时由奶奶和妈妈照顾。

爸爸妈妈的教育态度有待改进。他们知道自己的孩子比较内向，胆小，缺乏自信，但是他们认为这是由于班上有些孩子太霸道造成的。他们经常担心孩子在幼儿园会被其他孩子欺负，表现得较为焦虑，当孩子和同伴发生冲突时，妈妈会到幼儿园质问当事小朋友，言语和情绪比较激烈。一次因为妈妈听G说在幼儿园被同学欺负，在没有向老师了解事情的情况下，就在班级门口，当着大家的面，对着那位孩子大声斥责，孩子当场被吓哭，后来在老师的劝解下，才离开教室。事后，在查看监控后，并没有发现G所说的被欺负事件。奶奶比较宠爱孩子，很多事情包办代替。

问题行为：孤僻，不合群。

G性格比较孤僻、腼腆，较少参加集体的活动，和小朋友交往相处不是很融洽，朋友较少，缺乏自信。

早上来园后是角色游戏的时候，G一般来得较早，这时班级中只有几个小朋友，但都开始了自己的“工作”，有在“小银行”处理“积点卡”的工作人员，有穿着围裙卖点心的厨师，有穿着白大褂的医生，当然最受欢迎的还是阁楼上的“娃娃家”，已经有四个孩子在楼上娃娃家里游戏（规则：阁楼娃娃家里不能超过五个人），各个游戏区都有这么一两个孩子在做游戏。G先是无所事事地站在教室里，过了一会儿，他来到去往“娃娃家”的楼梯口，并不和其他孩子交流，只是静静地站在那儿。没过多久，更多的孩子来到幼儿园，一个小男孩一进教室，就说：“我要去‘娃娃家’玩。”说完，蹬蹬蹬地跑上楼，孩子们说：“五个人满了。”G只好无奈地离开。老师看见了说：“小G，你是不是想玩‘娃娃家’啊？现在，‘娃娃家’里人满

了，不过你可以去‘娃娃家’做客人。”G看着老师不说话，老师说：“那你做我的孩子，我带你去‘娃娃家’做客吧。”最后，在老师的带领下，G终于来到“娃娃家”，参与大家的游戏中去。

自由活动时间也是孩子们最喜欢的时候，小朋友都会拿出自己带来的玩具，三五成群，玩得非常开心。G也拿出自己的奥特曼，独自玩了起来。这时候，Q跑过来告状：“张老师，G刚才打到我的头了。”X也来了：“G刚才还抢我的玩具。”老师弯下腰询问G：“他们说得对吗？你刚才打他们了吗？”G点点头。“那你为什么打他们呢？”“我想玩他们的玩具。”

● 专家建议

隔代参与照顾儿童中一个非常普遍的现象便是孩子社交能力的相对不足，这在G身上表现得更为明显。对于类似G这样性格内向、情感细腻的儿童，成人应该更多地给孩子提供同伴交往的机会，让孩子的社交能力在同伴互动中得到更好的锻炼。

第三章
二胎家庭的孩子问题

随着“二孩政策”的全面放开，越来越多的孩子开始体验到“手足情”，然而，在享受多胎乐趣的背后，许多家庭也面临着更多“二孩的烦恼”。如何避免二胎降临后的顾此失彼？如何做到对两个孩子一视同仁？如何消解两个孩子间可能出现的竞争和敌对关系？这些都是父母不得不用心去解决的生活中的小烦恼。本章案例1中因为弟弟的出生导致姐姐W受到冷落，在极度压抑的环境中产生胆怯、焦虑等行为和情绪问题，与此类似，还有一些案例发现二孩出生之后第一个孩子会出现行为倒退现象，家长的适度关注可以有效缓解孩子的此类问题。案例2中的L情况也属于此类。案例3中Y的情况也比较有代表性。尤其在两个孩子年龄相差不大的家庭中，一个孩子还处于依恋建立阶段时，另外一个孩子相继出生，由于父母精力有限，往往顾此失彼，在关注一个孩子的同时却造成了另外一个孩子安全感的缺失。在此类家庭中，父母需要注意的问题是尽量保持孩子基本照料者的相对稳定，不要随便更换照料者，这样才更有利于孩子形成安全依恋，表现出良好的社会适应行为。

案例1：二胎家庭被冷落的孩子

W，女孩，6岁。爸爸妈妈都是大学行政人员。一家六口（爷爷、奶奶、爸爸、妈妈、W以及弟弟）住在一起。在家中W与家人沟通很少，甚至跟最亲的妈妈之间的沟通也由于弟弟的出生而减少。

爸爸的年龄比妈妈小，感觉自己还是个孩子，对孩子教育的事情不关心，在家就是捧着手机打游戏，对两个孩子都不关注，甚至会指挥W给自己取水。妈妈对女儿还是很关心的，经常会与老师进行沟通，但是由于家里还有刚出生的弟弟，妈妈将主要精力都放在了弟弟身上，对W的沟通和关心就相对减少。

带W的任务主要落在了祖辈身上。W主要由爷爷负责接送，爷爷退休前是某大学后勤人员，为人较为温和，对W态度较好，对老师和其他小朋友说话也比较温柔，但对孩子较为溺爱，通常有求必应。奶奶的教育水平不高，对待W非常专制和冷漠，会漠视W的正常需要。比如，由于害怕浪费水，所以奶奶禁止W早晚刷牙，导致幼儿的牙齿全部都变黑以及出现虫洞。妈妈开始并不知道此事，知道后就此事与奶奶积极沟通，最后W开始刷牙，但是奶奶的态度还是相当恶劣，经常在W刷牙的时候对W进行辱骂和催促。

问题行为：个性内敛，不合群。

在幼儿园，W表现出倔强内敛的性格，有什么事情不主动与老师沟通，老师与她进行谈话时，需要询问好几遍，并提示她声音大点，她才会提高音量让老师听到。比如说，天气寒冷时，由于衣服厚重，每次洗手的时候卷袖子就成为一些孩子的难题，需要帮忙的小朋友都会来找老师帮忙，可是W会走到老师面前看着老师，却不说话，问她时，她才点点头。除了卷袖子外，还有穿衣服等许多需求，W都不会主动并大声地说出来，甚至在老师询问后，她也会扭捏不回答。

在同伴交往方面，W不愿意和小朋友主动交往，即使有想玩的玩具也不愿意表达。只是站在别的小朋友边上，看着他们，即使有小朋友主动过来与她分享，她也是扭扭捏捏，声音如蚊子一样哼哼几句，小朋友都听不清楚，时间长了，孩子们都不太愿意继续跟她一起玩了。

● 专家建议

W的问题主要源自爱的缺失。弟弟的出生，爸爸妈妈的疏忽以及奶奶的冷漠，导致W所感受到的来自家庭的关爱大打折扣。爱的匮乏直接导致W自尊不足，从而在集体生活中表现出较多退缩的问题。问题解决的关键便是在家庭中尽可能多地对W给予关注和呵护。

案例2：二胎家庭的关注不足

L，男孩，中班，有个2岁多的弟弟。标准的四口之家，没有祖辈帮忙，妈妈博士后在读，由于要照看两个儿子，所以几年前辞职在家做全职妈妈，爸爸是个电脑工程师，工作繁忙，但还是愿意陪孩子一起玩耍。

妈妈是个高学历知识分子，精通医学，但由于需要照看两个儿子，又没有祖辈帮忙，常显得有些粗糙，在一定程度上会无意识地忽视孩子的一些需求。妈妈是个很随和的人，态度很温和，基本上不发脾气，对L的进步很愿意鼓励，对L的不当行为在外人面前不太会严厉指出，但根据妈妈所述，有时在家也会因为原则问题教育兄弟俩。妈妈爸爸的教育理念欧化，没有固有的一定要哥哥让弟弟的思想，所以兄弟俩在L小班期间会有很多冲突，L并不太喜欢他的弟弟，但随着年龄的增长，L开始慢慢接受弟弟，喜欢弟弟了。

对于L在班中的表现，老师时常会和妈妈进行沟通，妈妈只要看到L进步的地方马上会予以鼓励，但对于欠缺的方面，妈妈会找一些借口，但也虚心接受，并表示感谢。父母并没有采取相应的措施锻炼L的社交能力。

问题行为：内向，不爱说话，敏感脆弱。

L是一个性格非常内向的孩子，不爱说话，内心敏感、脆弱。L在智力发展方面正常，能够听懂并执行各种日常行为，运动能力也可以达到相同年龄孩子的平均水平。

但是和集体的融合度比较低。很少与人交往，集体活动中总是一个人无所事事地坐在一边，不学也不做，基本上不和老师互动，在自由活动时基本一个人玩。对老师和同伴的提问，L几乎不回答，除非是必须，否则就很少和别人沟通。后来他有了第一个朋友S。S也是一个很少和他人交流的孩子，他们两个惺惺相惜，自由活动时总黏在一起，但有时也会发生小小摩擦。其中一个人不来幼儿园的话，还会相互惦记对方。和S在一起时，L有时也动动坏脑筋，“欺负欺负”S，可是他们总能开心地在一起。平时放学时L的妈妈总比一般家长要晚些，这时他会和别的孩子玩起角色游戏，有模有样，游戏中，也会有些交流，沟通很顺畅。

● 专家建议

L的问题应该主要源自其自身的气质特点。由于弟弟的出生，父母之前对L的关注转移也会在一定程度上导致L的问题行为。对于L，家长需要更好地协调他与弟弟之间的关系，另外也要适当重视对L同伴交往能力的培养。

案例3：二胎家庭孩子的安全感

Y，女孩，6月出生，属于班级里月龄较小的孩子。家庭由爸爸、妈妈、奶奶、姐姐（比Y大一岁）和Y5口人组成。主要照料者是妈妈和奶奶，父母皆为某大学教师，爸爸在学术科研方面相当有作为，有多本著作出版。奶奶来自农村，主要负责家务和接送孩子放学，教育仍以妈妈为主导。

Y的父母采取了民主的教养方式，想要绝对公平地对待两个孩子，无所偏爱。父母很注重孩子的教育问题，两个孩子的自理能力、动手能力都很强。姐妹俩的关系极为亲密，Y的姐姐性格活泼开朗，很外向，Y却极为内向，除了和姐姐玩之外基本不与其他孩子接触，脾气较大，喜欢捉弄姐姐，姐姐一般会让着妹妹。妈妈对Y不与人交往的个性相当焦虑，经常向老师询问Y的交往现状和对策，迫切希望解决问题。

问题行为：不合群，敏感易焦虑。

Y进入小班出现很严重的分离焦虑，持续时间将近一个学期。表现为哭闹不止，从早哭到晚，甚至在地上耍赖，手上一定要拿着她的巧虎玩偶或者蓝色小毯子。不跟老师打招呼，总是皱着眉头，一旦有人接近她，她就握拳，两手交叉抱在胸前，做出保护自己的姿势。行动缓慢，要等老师提醒两遍以上才能行动起来。脾气很倔，不想做的事情怎么劝都没有用，只用哭来解决问题。不哭的时候基本上不和老师、幼儿互动，老师与她说话时，Y总是直直地盯着老师，不回应。不参与集体活动，就连玩滑滑梯的时候也只是站在一旁看着。但看到姐姐之后，Y就像变了一个人似的，嬉笑打闹，聊个不停，玩得很开心。通过与家长的沟通发现，Y的性格有两面性，在家人面前时表达交流很正常，但是在陌生人面前比较内向，不善于与陌生人交往，在陌生人面前表现得相当畏缩，特别是在面对新环境时不能很好适应，对新环境感到恐惧，戒备心很强。

上中班之后，Y渐渐放下了戒备心理，别人和她说话她能够回答，但只有对老师才会主动交流。自尊心很强，喜欢得到老师表扬。学习活动很认真很专注，但极少举手回答问题，主动参与游戏中。喜欢画画、看书等安静的活动，不喜欢参与唱歌、跳舞等运动量较大的活动。

专家建议

Y的问题应该源自婴儿期安全感的缺乏。很有可能Y在3岁之前，曾经历过同主要照料人（如妈妈）的突然且较长期的分离。问题解决的关键也是在家庭之中给予Y更多的关注和呵护，提高她的安全感。当然，Y的问题一部分也源于自身的气质特点。

第四章 智力发育迟滞

孩子的智力发育状况是每位家长都非常关注的问题，然而，由于孕前、孕期或出生前后等各个阶段的不明因素作用，有些孩子在智力的发展上会落后于其他孩子。在幼儿园，最为常见的情况为轻度智力发育迟滞（智商分数处于50至70，在同龄人群中此类孩子约占2%）和边缘智力发育迟滞（智商分数处于70至85，在同龄人群中约占8%）。此类孩子在初入园阶段会出现更多的生活自理和同伴交往困难，需要老师给予更多的特殊关注，在必要时还需要家长来到幼儿园亲子陪护。如果能够得到足够的支持和关注，这些孩子在后期也会逐渐适应幼儿园生活，并可以掌握基本的生活自理和同伴交往技能。

对于那些智力发育轻度迟滞的孩子，通常是入园之后老师最先察觉，因为在同伴群体之中儿童的相对发展状况会更加一目了然。因此，当老师怀疑孩子的智力发育有所异常时，家长一定要重视起来，寻找专业的机构进行咨询矫治，并同时积极配合老师为孩子提供必要的日常照顾和关注。

案例1：智力发育迟滞

X，女孩，中班。爸爸是某大学教师，国外留学，博士毕业，副教授。妈妈是外资银行高管。父母学历高，为人热情。和外公外婆一起生活。

爸爸妈妈对孩子精心照顾，小时候孩子吃的东西都从国外进口，入园前一直吃营养米粉，因为孩子不喜欢吃有味道的食物，所以从来没有吃过有调味的食物。爸爸有过敏史，孩子一到季节变化过敏症状也比较严重，浑身发痒有皮症。家长对孩子的教育很重视，陪伴孩子时间较多。

问题行为：生活不能自理，无规范意识，情绪易变。

刚入园时，X不喜欢吃幼儿园的饭菜，什么菜和饭都不吃，让她吃饭就会歇斯底里地尖叫大哭。后来和父母交流之后有改进，但也只吃白饭，喜欢咬筷子。如果老师把菜喂到她嘴里，她要么紧闭嘴巴，要么直接吐掉，有时候会把菜碗直接打翻。如果老师坚持让她吃，她就会大吵大闹，影响到其他孩子的进餐。

X在学习活动中，没有规则意识，情绪变化无常。在学习活动的时候，她不能安静地坐在自己的位置上，会随意走出来，在班级中间蹦跳，自言自语。有时候在学习活动时会没有缘由地大哭，有时候又会在午饭的时候大笑，不能控制自己的情绪情感。你对她提出要求，和她交流，她好像听不懂，眼睛完全不看老师，经常一个人自言自语，不主动和他人说话。有攻击性行为，会捏、踩、拍打周围的孩子，老师和她说理时，也会攻击老师。

在户外活动的时候，X不能按照老师的要求和指令进行游戏和运动。比如在玩球的时候，在老师的帮助下，她也拿到了球，拍着拍着球滚掉了，老师提醒她把球捡回来，她追着球就自己跑掉了，然后就忘记捡球，跑到别的班级场地去玩了。其他班级的老师请她回到自己班级，她还表示不能找到自己的老师和班级。

在自由活动的时候，X喜欢一个人玩，如果看上别人的玩具，就动手去抢，不会与小朋友交流。安全意识薄弱，不会自我保护，经常会无意识地做危险动作，会爬到高处不抓紧，在高处腾空往下踩，意识完全游离。

在生活方面，不能管理和控制自己的行为，喝水的时候，如果老师不提醒，就会倒出很多水，也不会叫小便，坐在小椅子上就尿了一摊，自己觉得难受就会把裤子脱了，也不会报告老师。午餐时找不到自己的小椅子，看到空的椅子就会随便坐。

案例2：智力发育迟滞

女孩J，父母均在高校任职，爸爸是大学教师，妈妈是行政人员，家中没有老人帮忙带孩子，由于父母工作时间比较弹性，所以接送、照顾孩子的事也都是父母一手来做。J的父母虽然学历较高，但相对其他孩子的父母来说，他们的年龄也比较大，父亲不善于与老师沟通，甚至与老师打招呼的声音也非常轻；母亲对孩子的情况掌握得很具体和细致，但母亲的脾气比较急，有时当着老师的面也会训斥孩子。

问题行为：生活无法自理，无法正常交流。

J从小班刚入园开始，分离焦虑的时间就比其他孩子要长，当班级所有的孩子都不哭的时候，J还在哭闹。第一个月基本是在拉扯着两个老师的手和衣服中哭闹着度过。

一个学期下来，对于三个老师的称呼，J还会经常叫错，很少用语言交流，只会用两三个字交流。小朋友在户外活动时，她也是紧紧拉着保育老师的手，不参与任何活动，当老师引导她、带领她玩的时候，她摇晃着身体，直说：“不要不要！”

活动后休息喝水的时候，J也不能独立完成，需要老师帮她拿杯子，扶着她的手，一点点地喝，经常三分之一杯的水5分钟也喝不完。中班时，J基本能自己拿杯子喝水，但经常会拿错杯子，当教室里小朋友都坐好，准备点名的时候，叫到她的名字经常要三四次才会应到。上课开始5分钟就坐不住了，有时站起来，在小朋友面前走动，有时自顾自地拍手。中班上学期，教室楼上有段时间有装修的声音，J每次听到类似声音就显得坐立不安，在教室里跑动，把椅子推倒，或者自己把手里的玩具扔出去。

进入大班，J基本能自己与老师问好，但是也从不主动与人交流。上课时间多数自顾自地说话、拍手，或者站到座位后的柜子上玩玩具，老师请她坐回来但她还是不能控制自己的行为。

自主游戏中，她无法参与小朋友的游戏，喜欢在教室门口反复地开门关门，并且喜欢在教室门口附近徘徊、自言自语。基本与同伴没有语言交流。在集体教学、个别学习活动中思维活动不参与；语言表现也很简单、被动，语言理解能力也较弱，老师交代的简单任务，比如，把××东西换一只手拿，要说三遍才能理解完成任务；在大动作运动中显得很胆小，平衡、跑跳等能力较同龄幼儿弱，小肌肉发展也较同龄幼儿有较大差异，比如使用剪刀、撕贴等。

案例3：智力发育迟滞

Y，女孩，3岁入园。Y长着一双大眼睛，皮肤白皙，一头清爽的短发，干净整洁的衣着把她衬托得格外可爱干净。

母亲为大学教师，父亲在企业工作。父亲工作繁忙，经常出差。妈妈带得比较多。日常主要由父母自己带，祖辈偶尔过来帮忙。

父母认为要尊重孩子，同时也不能一味放纵，在Y犯错时也及时制止并惩罚，即持有奖罚分明的教育态度。但是，在生活自理方面，比如进餐，主要是父母或者外公外婆包办代替，吃饭常喂，玩完玩具总是扔一边，然后父母帮忙收拾。另外，在家访时，外婆表露出认为Y不太正常，她觉得别的小朋友都不会这样尖叫或乱发脾气，但妈妈似乎并不同意外婆的想法，妈妈觉得这是Y在表达自己的情绪，是正常的。在这一点上外公外婆和孩子父母略有分歧。

问题行为：行为无规范，无正常同伴交往，情绪无常。

Y与老师和同伴没有交流，不讲话，坐不住，室内外活动时随意走动和乱跑，老师提示帮助无效。如早上小朋友来园后互相问好，Y不会看着老师也不张嘴说话。另外，在小朋友一起玩玩具的时候，Y看到自己喜欢的玩具就直接走过去拿，当别人不给时，就硬抢或者推别人然后尖叫发脾气，老师对Y进行交往方面的引导，如当看到自己喜欢的玩具可以说“可以借我玩一下吗？”类似交往策略的教育对Y基本无效。

到处拿玩具乱放，乱扔东西。游戏结束时小朋友们基本能够按照标记将物品物归原位，但Y总是把别人收好的玩具又重新倒出来，教室里的物品时常一团糟。

总是无理由地尖叫、哭闹、乱发脾气。比如，在日常半日活动中经常不知道哪一个词刺激到了她，Y便开始满地打滚儿大哭，有时还会打老师。进行集体教育活动中的音乐活动时，小朋友都在模仿小动物唱歌，Y却跑到“娃娃家”或者“小医院”，乱扔玩具，有时当老师和小朋友一起唱儿歌或者拍手、模仿小动物的叫声、户外玩吹泡泡、闭眼睛等游戏时，Y均表现出明显的反感和过激，发脾气、尖叫、大哭。另外，Y从来不参与集体教学活动，老师提示帮助也没用。

午睡困难，起床困难。小朋友睡觉时Y总是无缘无故地自言自语、大笑、唱歌，并把小朋友学过的儿歌全部唱一遍，几乎每天中午都是老师摸着头摸着手睡着的。起床也非常困难，其他小朋友都穿好衣服去洗手了，Y还赖在床上，老师怎么哄抱都不行，不起床，大哭大闹，不穿衣服，经常得在两三个老师一起帮助下才把衣服穿好。

只要一换地方，比如从教室到操场，Y就开始哭闹。集体活动结束小朋友都去喝水了，只有她还在教室里，老师叫她出去喝水，她哭着不去，其他小朋友喝完水后要去户外活动了，她哭闹着跟出去，户外活动结束要回教室的时候又不回来，满操场到处跑，就是不跟老师回教室，趴在地上打滚儿。

总体而言，该幼儿的各方面能力发展落后于同龄儿童，语言表达能力较弱，语词不丰富，同伴交往能力较差，情绪控制能力、规则意识较差，运动能力发展较差，肢体协调性、平衡能力、精细动作均赶不上同伴，在生活自理方面自我服务意识较差。

- **专家建议（针对本章三个案例）：**

智力发育情况主要表现在以下三方面：人际交流、情绪控制和肌肉动作的协调性。如果孩子在以上三方面明显落后于同龄群体，此时家长一定要及时寻求专业的矫治。通常，矫治时间越早，效果越理想。

第五章
自闭症

自闭症，又称孤独症或孤独性障碍，是广泛性发育障碍的代表性疾病。孤独症的检出率报道不一致，2019年报告称，中国12岁以下的自闭症儿童约有200多万。其中男童检出率远高于女童，比例约为3：1～4：1，但女童症状一般较男童严重。自闭症儿童通常表现出“两大专注，一个迟滞”。一是“专注于自我”，缺乏与他人进行交往的能力，比如甚至不愿意跟父母进行身体接触和目光交流，而宁愿独处，他们更愿意反复摆弄一些物件而不原意跟别人玩；二是“专注于单调”，喜欢一成不变的环境和生活模式，生活环境或例行事务的改变常会让这些儿童十分沮丧，比如他们可能要求不要变动房间里面的摆设，或者每顿饭都吃同样的食物。“迟滞”指他们的语言能力发展迟滞，难以同他人进行正常有效的言语沟通。约有3/4的患者伴有明显的精神发育迟滞，部分自闭症孩子会在某些单独的技能上表现非常出色，如数字记忆、数字计算、绘画等。

儿童的自闭症状通常在幼儿园的集体生活中表现得更为明显，因此，很多孩子自闭症状的确诊都是在幼儿园阶段。对于此类孩子，一旦被怀疑可能为自闭症，应该抓紧寻求专业机构的帮助和支持，虽然目前的研究指出自闭症状不可逆，但富有支持性的环境会让这些孩子的生活状态更好。

案例1：自闭儿童

J，男孩，父母因为工作等情况在3岁之前同孩子分开居住，每周休息日会探望J，带孩子一起游玩。J三岁前住在爷爷奶奶家，主要由奶奶照顾。爷爷奶奶为退休工人。在入幼儿园前爸爸妈妈把J从爷爷奶奶家接回，之后爷爷奶奶和爸爸妈妈一起生活。

J在3岁之前，奶奶既要做家务又要带孩子，无法抽出足够时间关注孩子。奶奶说话频率较快，在跟孩子交流时常常先发问，然后也不等孩子回答就自顾自地说下去。爷爷性格内向，很少同孩子交流。

妈妈是大学老师，比较注重对J认知能力的培养，经常和J一起看书，认字，写字，孩子识字量比同年龄孩子多。家长对J能采用正面教育，经常给孩子讲道理，但是家长自身对孩子应该具有哪些良好的品质不清楚，造成孩子是非观念混乱，比如当家长目睹孩子动手打人，随意打开水龙头放水，重复开关门和电灯开关时，妈妈既没有果断制止，也没有正确地引导，认为孩子小不懂事，大些了就会好。比如母亲在场时，J无故打开水龙头放水，但母亲既没有果断制止，还错误地解读J的行为，比如问孩子：你是不是要喝水呀？或者说：哎哟，你水放了别人不能喝水了。但是J根本不理会妈妈，那种开心的样子，就像是存心搞恶作剧成功了。

在语言发展上，妈妈认识到J的语言发展比正常儿童滞后，但认为J在家里与家人交流正常。妈妈始终认为自己很了解J，相信J发展正常，只是可能较同龄孩子晚一些，认为应该耐心等待孩子成长。

问题行为：语言滞后，情绪体验缺乏，喜欢独处，刻板行为。

和同龄孩子相比，J语言发展滞后，不能与同伴和老师交流。有时会自言自语，但是基本不会表现出任何喜怒哀乐的情绪。当成人主动与他交流时，J的目光不能直视，和他打招呼时，也是别人说一句他就反复跟着学，不能独立回答。对简单反复出现的指令，J能够理解并立即做出反应，比如，去搬椅子，坐好，小便，喝水等。但是，J大多数时候听不懂成人的指令，比如一起游戏，在纸上画圈圈，涂上红颜色等。与老师日常的简单交流很难进行，经常是重复老师的问话，基本不能完成两个连续的问答，常常答非所问，好像是不理解别人的话。但是，当老师用“喝牛奶”（J不喜欢的事情）来威胁时，发现其实J还是能够理解老师的话。J似乎对所有的语言表达（包括电视节目）都不能专注，不能做出回应，比如看了动画片，不能说出动画片的名字，电视里说跟着一起跳，他也无动于衷。

此外，J性格内向，喜欢独处，常常用动作拍打别人表示喜欢，在行为动作上的发展也比同龄孩子滞后。到了中班，之前不言不语的J的兴趣发生了很大转变，对班上不会说话的L和H特别感兴趣，喜欢去招惹他们，会用脸贴近他们，对他们说重复的话，但J说话的目的明显不是为了交流，也是无法交流起来的。J似乎是在指挥着比他更不懂交流的人，他的语言能力在与同伴交往上没有发挥作用。

最后，J有一些较为顽固的癖好，比如喜欢重复关门、关灯、开关水龙头，拉同伴鞋子搭扣，翻倒身边的椅子。在教室里总是一副无所事事的样子，喜欢转圈，有时莫名其妙地大笑。集体活动中注意力不集中，完全一副心不在焉和与他无关的样子。

案例2：自闭儿童

X，男孩，中班，板寸头、戴眼镜、皮肤白皙。爸爸妈妈都是高学历的名校教师。家中有老人共同照顾X，老人对于孩子包办太多。家人把孩子照顾得很好。家长对孩子的教育也是比较重视的。

问题行为：无正常同伴交往，无规则意识，生活无法自理，语言滞后。

X经专业检查有自闭症。注意力薄弱，与人交往能力较差，不能够很好地融入集体生活。

X在学习活动中，无规则意识，对上课内容兴趣不高，很容易被外界所影响。不能跟着老师的节奏进行集体学习，喜欢看窗户外的东西，在听到一些敏感词时会不断地问为什么，还有尖叫、跺脚、自言自语等行为。会随着问题孩子们一起做奇怪的行为，例如乱跳、乱跑。影响班级的纪律。在美术活动的操作中，还没有动手就只会说不会，不太愿意动手、动脑。

无法参加集体活动，X没有规则意识，不愿意和孩子们一起去玩，每当出去玩的时候，其他孩子非常高兴，可是X总是游离在外，在场地上走走做做，运动能力发展也比同龄孩子弱些。X在中班学会了拍球，能够基本掌握习性，但不能够很好地控制拍球的高度以及速度。在拍球时也容易分神，眼睛会看东看西。

在生活上，家长在家里包办过多，X4岁左右时还不会自己穿衣服裤子，需要老师帮忙，也不会使用筷子进餐，拿勺子一直是反手拿。进餐速度过慢，很容易被外界影响。进餐后总是饭菜掉一地，也不能用毛巾把嘴巴擦干净。在穿着方面，不会把内衣包在外裤里。在幼儿园午睡时从不睡觉，一直动来动去，有时会出现掰手指数数字、拍墙、玩被子、玩“小鸡鸡”等行为。

X在交往方面不能与同伴进行正常对话，与同伴一起游戏也有一定的限制。在同老师交流时，对于老师的提问总是答非所问，回答时语言单一。会问“为什么要问我”。做错事情总是程序化地说，“下一次不会了”。对于人称代词“你、我”也分不清楚。

● 专家建议（针对本章两个案例）

目前为止，世界上没有出现一例自闭症患者得到成功矫治的报道。对于自闭症患者，最好的治疗模式就是家长能够尽可能地理解他的世界，让双方尽可能以融洽的方式共存在同一空间。